英語

Gakken

はじめに

受験生のみなさんは，日々忙しい中学生活と，入試対策の勉強を両立しながら，志望校合格を目指して頑張っていると思います。

志望校に合格するための最も効果的な勉強法は，入試でよく出題される内容を集中的に学習することです。

そこで，入試の傾向を分析して，短時間で効果的に「入試に出る要点や内容」がつかめる，ポケットサイズの参考書を作りました。この本では，入試で得点アップを確実にするために，中学全範囲の学習内容が理解しやすいように整理されています。覚えるべきポイントは確実に覚えられるように，ミスしやすいポイントは注意と対策を示すといった工夫をしています。また，付属の赤フィルターがみなさんの理解と暗記をサポートします。

表紙のお守りモチーフには，毎日忙しい受験生のみなさんにお守りのように携えてもらって，いつでもどこでも活用してもらい，学習をサポートしたい！　という思いを込めています。この本に取り組んだあなたの努力が実を結ぶことを心から願っています。

出るナビ編集チーム一同

出るナビシリーズの特長

高校入試に出る要点が ギュッとつまったポケット参考書

項目ごとの見開き構成で，入試によく出る要点や内容をしっかりおさえています。コンパクトサイズなので，入試準備のスタート期や追い込み期，入試直前の短期学習まで，いつでもどこでも入試対策ができる，頼れる参考書です。

見やすい紙面と赤フィルターで いつでもどこでも要点チェック

シンプルですっきりした紙面で，要点がしっかりつかめます。また，最重要の用語やポイントは，赤フィルターで隠せる仕組みになっているので，要点が身についているか，手軽に確認できます。

こんなときに 出るナビが使える！

持ち運んで，好きなタイミングで勉強しよう！　出るナビは，いつでも頼れるあなたの入試対策のお守りです！

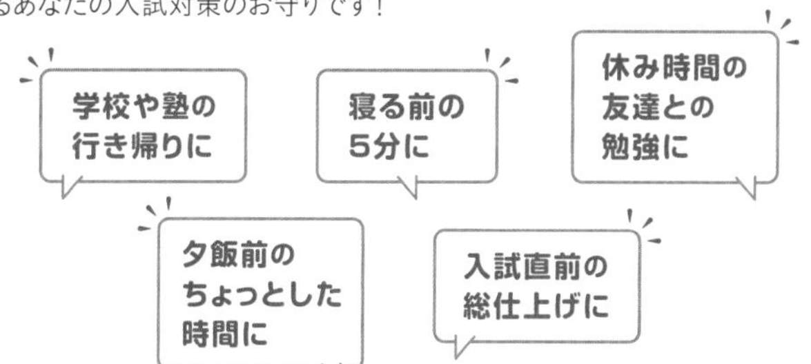

この本の使い方

赤フィルターをのせると消える!

最重要用語や要点は，赤フィルターで隠して確認できます。確実に覚えられたかを確かめよう!

注意 間違えやすい内容や，おさえておきたいポイントを解説しています。

【動詞】
I be 動詞 (I)
1年 2年 3年

☑ **現在形は，am, is, are**

I am a junior high school student.
私は中学生です。

◎**現在形**…主語がIならam，3人称単数ならis，youや複数ならareを使う。
◎be動詞は，主語とあとの語句をイコールで結んで，「～です」「～である」という意味を表す。
例 I'm Miki. 私は美紀です。
└I am の短縮形
例 He's from Canada. 彼はカナダの出身です。
└He is の短縮形
例 Mary and I are good friends. メアリーと私はよい友達です。
└主語は Mary and I で複数
注意 すぐ前のIにつられて，be動詞をamとしないこと。

☑ **過去形は，was, were**

She was free last week.
彼女は先週，ひまでした。

◎am，isの過去形はwas，areの過去形はwere。
例 I was tired yesterday. 私は昨日疲れていました。
例 It was hot last night. 昨夜は暑かった。
例 These songs were popular two years ago.
これらの歌は2年前に人気がありました。

10

高校入試 出るナビ 英語の特長

◎入試に出る用語・要点が簡潔にまとめてある!
◎基本例文を軸にした，わかりやすい文法解説!
◎巻末には，重要単語・熟語がおさらいできるページも!

入試ナビ
be 動詞は主語と，現在か過去かで使い分ける！
過去の文は be 動詞を過去形にする。

★★★★★

動詞

「～にいる」「～にある」という意味に注意

She is in the library now.

彼女は今，図書館にいます。

◎be 動詞は，あとに「場所を表す語句」が続くと，「(人・動物などが)～にいる」「(物などが)～にある」という意味になる。

例 I was in the kitchen then.　私はそのとき台所にいました。

例 Your books are on the desk.　あなたの本は机の上にあります。

例 My parents were at home this morning.
私の両親は今朝，家にいました。

入試に出る 実戦問題 ＞(　)内から適する語を選び，記号で答えなさい。

① My brother (ア am　イ is　ウ are) a teacher.

② These books (ア am　イ is　ウ are) interesting.

③ We (ア are　イ was　ウ were) busy yesterday.

＞日本文に合うように，(　)に適する語を入れなさい。

④ 私は大阪の出身です。　(I'm) from Osaka.

⑤ 健は 12 歳です。　Ken (is) twelve.

⑥ リサはそのときおなかがすいていました。
Lisa (was) hungry then.

⑦ 私の両親は先週，京都にいました。
My parents (were) in Kyoto last week.

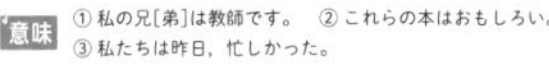

意味 ① 私の兄[弟]は教師です。　② これらの本はおもしろい。
③ 私たちは昨日，忙しかった。

11

入試で問われやすい内容や，その対策などについてアドバイスしています。

☆の数は，入試における重要度を表しています。

入試に出る 実戦問題

入試で問われやすい内容を，実戦に近い問題形式で確かめられます。

最終チェックで重要単語・熟語もバッチリ！

入試直前の短時間でもパッと見て
単語や熟語をおさらいできるページもあります。

もくじ

熟語・会話

が暗記アプリでも使える！

ページ画像データをダウンロードして，
スマホでも「高校入試出るナビ」を使ってみよう！

暗記アプリ紹介&ダウンロード 特設サイト

スマホなどで赤フィルター機能が使える便利なアプリを紹介します。下記のURL，または右の二次元コードからサイトにアクセスしよう。自分の気に入ったアプリをダウンロードしてみよう！

Webサイト https://gakken-ep.jp/extra/derunavi_appli/

「ダウンロードはこちら」にアクセスすると，上記のサイトで紹介した赤フィルターアプリで使える，この本のページ画像データがダウンロードできます。使用するアプリに合わせて必要なファイル形式のデータをダウンロードしよう。

※データのダウンロードにはGakkenIDへの登録が必要です。

ページデータダウンロードの手順

①アプリ紹介ページの「ページデータダウンロードはこちら」にアクセス。

②Gakken IDに登録しよう。

③登録が完了したら，この本のダウンロードページに進んで，
下記の『書籍識別ID』と『ダウンロード用PASS』を入力しよう。

④認証されたら，自分の使用したいファイル形式のデータを選ぼう！

書籍識別ID	nyushi_en
ダウンロード用PASS	t7GTKFxH

〈注 意〉

◎ダウンロードしたデータは，アプリでの使用のみに限ります。第三者への流布，公衆への送信は著作権法上，禁じられています。◎アプリの操作についてのお問い合わせは，各アプリの運営会社へお願いいたします。◎お客様のインターネット環境および携帯端末によりアプリをご利用できない場合や，データをダウンロードできない場合，当社は責任を負いかねます。ご理解，ご了承いただきますよう，お願いいたします。◎サイトアクセス・ダウンロード時の通信料はお客様のご負担になります。

【動詞】

1年 2年 3年

be 動詞（1）

現在形は，am, is, are

I am a junior high school student.
私は中学生です。

◎**現在形**…主語が I なら am，3 人称単数なら is，you や複数なら are を使う。

◎be 動詞は，主語とあとの語句をイコールで結んで，「〜です」「〜である」という意味を表す。

例 I'm Miki.　私は美紀です。
└ I am の短縮形。

例 He's from Canada.　彼はカナダの出身です。
└ He is の短縮形。

例 Mary and I are good friends.　メアリーと私はよい友達です。
└ 主語は Mary and I で複数。

注意 すぐ前の I につられて，be 動詞を am としないこと。

過去形は，was, were

She was free last week.
彼女は先週，ひまでした。

◎am，is の過去形は was，are の過去形は were。

例 I was tired yesterday.　私は昨日疲れていました。

例 It was hot last night.　昨夜は暑かった。

例 These songs were popular two years ago.
これらの歌は 2 年前に人気がありました。

be 動詞は主語と，現在か過去かで使い分ける！
過去の文は be 動詞を過去形にする。

★★★★★

「～にいる」「～にある」という意味に注意

She is in the library now.
彼女は今，図書館にいます。

◎be 動詞は，あとに「場所を表す語句」が続くと，「(人・動物などが)~**にいる**」「(物などが)~**にある**」という意味になる。

例 I was in the kitchen then.　私はそのとき台所にいました。

例 Your books are on the desk.　あなたの本は机の上にあります。

例 My parents were at home this morning.
私の両親は今朝，家にいました。

入試に出る 実戦問題

＞(　　)内から適する語を選び，記号で答えなさい。

① My brother (ア am　イ is　ウ are) a teacher.　（イ）

② These books (ア am　イ is　ウ are) interesting.　（ウ）

③ We (ア are　イ was　ウ were) busy yesterday.　（ウ）

＞日本文に合うように，(　　)に適する語を入れなさい。

④ 私は大阪の出身です。　(I'm) from Osaka.

⑤ 健は 12 歳です。　Ken (is) twelve.

⑥ リサはそのときおなかがすいていました。
Lisa (was) hungry then.

⑦ 私の両親は先週，京都にいました。
My parents (were) in Kyoto last week.

意味　① 私の兄[弟]は教師です。　② これらの本はおもしろい。
③ 私たちは昨日，忙しかった。

【動詞】 1年 2年 3年

2 be 動詞 (2)

☑ 否定文は，be 動詞のあとに not

She is not our English teacher.
彼女は私たちの英語の先生ではありません。

◎**否定文**…be 動詞のあとに not を入れる。
◎**短縮形**…〈**be 動詞＋ not**〉は**短縮形**がよく使われる。

例 I'm not tired.　私は疲れていません。

注意 am not の短縮形はない。

例 I wasn't good at swimming.
私は水泳が得意ではありませんでした。

☑ 疑問文は，be 動詞で文を始める

Are you hungry?　あなたはおなかがすいていますか。
— Yes, I am. / No, I'm not.
— はい，すいています。／いいえ，すいていません。

◎**疑問文**…be 動詞を主語の前に出す。
◎**答えの文**…**be 動詞**を使って，**Yes** か **No** で答える。

例 Is this book interesting?　この本はおもしろいですか。
— Yes, it is. / No, it isn't.　はい。／いいえ。
└ No, it's not. と答えることもある。

例 Are they from Australia?　彼らはオーストラリアの出身ですか。
— Yes, they are. / No, they aren't.　はい。／いいえ。
└ No, they're not. と答えることもある。

例 Were you busy yesterday?　あなたは昨日，忙しかったですか。
— Yes, I was. / No, I wasn't.　はい。／いいえ。

入試ナビ　否定文は be 動詞のあとに not！　短縮形にも注意。
疑問文は be 動詞で文を始める。

疑問詞は文の最初におく

Who is Mr. Smith? — He's Lucy's father.

スミスさんとはだれですか。— 彼はルーシーのお父さんです。

◎**疑問詞のある疑問文**…疑問詞で文を始める。
あとは**疑問文の語順**にする。

例 What is this?　これは何ですか。
— It's a new camera.　それは新しいカメラです。

例 Where were Tom and Bob?　トムとボブはどこにいましたか。
— They were at the library.　彼らは図書館にいました。

入試に出る **実戦問題** ＞（　　）内から適する語を選び，記号で答えなさい。

① It (㋐ isn't　イ aren't　ウ not) cold today.

② (ア Are　㋑ Was　ウ Were) the test difficult?
— No, it (ア aren't　㋑ wasn't　ウ weren't).

＞日本文に合うように，（　　）に適する語を入れなさい。

③ あなたはどこの出身ですか。
Where (are) you from?

④ 彼らは昨日，忙しくありませんでした。
They (weren't) busy yesterday.

⑤ その映画はどうでしたか。
How (was) the movie?

意味
① 今日は寒くありません。
② そのテストは難しかったですか。— いいえ，難しくありませんでした。

3 【動詞】 一般動詞（1）

1年 2年 3年

☑ 3人称単数・現在形は，語尾に s か es をつける

She plays the piano every day.

彼女は毎日ピアノをひきます。

◎**現在形**…主語が 3 人称単数なら原形の語尾に s か es をつける。

ふつう	→ s	know	→ [knows]
語尾が o, s, x, ch, sh	→ es	go	→ [goes]
〈子音字＋ y〉	→ y を i に変えて es	study	→ [studies]

◎have は例外で，3 人称単数・現在形は has になる。

例 My uncle lives in Miyagi.　私のおじは宮城に住んでいます。

例 Miho has two sisters.　美穂には姉妹が 2 人います。

☑ 規則動詞の過去形は，語尾に ed か d をつける

She played the piano yesterday.

彼女は昨日ピアノをひきました。

◎**過去形**…原形の語尾に ed か d をつける。

ふつう	→ ed	help	→ [helped]
語尾が e	→ d	live	→ [lived]
〈子音字＋ y〉	→ y を i に変えて ed	study	→ [studied]
〈短母音＋子音字〉	→ 子音字を重ねて ed	stop	→ [stopped]

例 Kenta used my computer an hour ago.

健太は 1 時間前，私のコンピューターを使いました。

例 I studied math last night.　私は昨夜，数学を勉強しました。

入試ナビ　一般動詞の現在形は主語が3人称単数のときに注意！
過去形は不規則動詞がねらわれる。

★★★★★

不規則動詞の過去形は，1つ1つ覚える

She went to the park last Sunday.

彼女はこの前の日曜日に公園に行きました。

go（行く）	→［went］	come（来る）	→［came］
do（する）	→［did］	have（持っている）	→［had］
see（見える）	→［saw］	know（知っている）	→［knew］
make（作る）	→［made］	get（手に入れる）	→［got］
read（読む）	→［read］	write（書く）	→［wrote］

注意 過去形は［red レッド］と発音する。

入試に出る 実戦問題 ＞（　　）内から適する語を選び，記号で答えなさい。

① Lisa (ア like ㋑ likes ウ liking) cats very much.
She (㋐ has イ had ウ have) three cats now.

② Ken (ア go イ goes ㋒ went) to the library yesterday.

＞日本文に合うように，（　　）に適する語を入れなさい。

③ 私の兄は毎日，英語を勉強します。
My brother (studies) English every day.

④ 私は今朝，6時に起きました。
I (got) up at six this morning.

⑤ 彼女は3年前，東京に来ました。
She (came) to Tokyo three years ago.

意味
① リサはねこがとても好きです。彼女は今，ねこを3びき飼っています。
② 健は昨日，図書館へ行きました。

【動詞】 1年 2年 3年

4 一般動詞 (2)

☑ 否定文は，don't, doesn't, didn't を使う

She doesn't have any brothers.

彼女には兄弟がいません。

◎**現在の否定文**…動詞の前に don't か doesn't を入れる。
└ 主語が３人称単数のとき。

◎**過去の否定文**…動詞の前に didn't を入れる。

◎don't，doesn't，didn't のあとの動詞は，**原形**にする。

例 I don't know her name.　私は彼女の名前を知りません。

例 Mark doesn't like dogs.　マークは犬が好きではありません。

注意 主語が３人称単数・現在の否定文では **doesn't** を使う。

例 We didn't practice soccer yesterday.

私たちは昨日，サッカーを練習しませんでした。

☑ 疑問文は，Do, Does, Did で文を始める

Did you watch TV last night? — Yes, I did.

あなたは昨夜，テレビを見ましたか。—はい，見ました。

◎**現在の疑問文**…Do か Does で文を始める。動詞は**原形**。
└ 主語が３人称単数のとき。

◎**過去の疑問文**…Did で文を始める。動詞は**原形**。

◎**答え方**…do，does，did を使って，Yes か No で答える。

例 Do you like music?　あなたたちは音楽が好きですか。

— Yes, we do. / No, we don't.　はい。／いいえ。

例 Does Kate speak Japanese?　ケイトは日本語を話しますか。

— Yes, she does. / No, she doesn't.　はい。／いいえ。

入試ナビ　否定文は動詞の前に don't, doesn't, didn't を入れる。
疑問文は Do, Does, Did で文を始める。

★★★★★

動詞

yesterday や last ～があれば過去の文

We studied English yesterday.

私たちは昨日，英語を勉強しました。

◎過去の文では次のような語句がよく使われる。

[yesterday]	昨日	yesterday morning（昨日の朝）
[last] ～	この前の～	last year（去年）/ last week（先週）
～ [ago]	〈今から〉～前に	a week ago（1週間前に）
[in] 2020	2020 年に	

入試に出る 実戦問題

> (　　)内から適する語を選び，記号で答えなさい。

① I (ア don't　イ doesn't　ウ didn't) play the piano yesterday.　〔ウ〕

② (ア Is　イ Do　ウ Does) your father cook?
— Yes, he (ア is　イ do　ウ does).　〔ウ〕〔ウ〕

> 日本文に合うように，(　　)に適する語を入れなさい。

③ 私の祖母はコンピューターを使いません。
My grandmother (doesn't) (use) a computer.

④ 彼らは昨日，野球をしましたか。
(Did) they (play) baseball yesterday?

⑤ あなたはこの前の日曜日，どこへ行きましたか。
Where (did) you go (last) Sunday?

意味
① 私は昨日ピアノをひきませんでした。
② あなたのお父さんは料理をしますか。— はい，します。

5 【動詞】

1年 2年 3年

基本動詞（1）

いろいろな意味を表す動詞

have	have an umbrella	かさを[持っている]
	have an aunt	おばが[いる]
	have a dog	犬を[飼っている]
	have breakfast	朝食を[食べる]
	have coffee	コーヒーを[飲む]
	have a question	質問が[ある]
get	get a ticket	チケットを[手に入れる/買う]
	get sick	病気に[なる]
take	take a picture	写真を[撮る]
	take a train	電車に[乗っていく]
	take him to the zoo	彼を動物園に[連れていく]

日常の行動を表す動詞

- [eat] lunch 昼食を食べる
  └have も使う。
- [drink] milk 牛乳を飲む
  └have も使う。
- [go] to school 学校に行く
- [come] home 帰宅する
  └go や get も使う。
- [use] a pen ペンを使う
- [help] them 彼らを手伝う
- [work] late 遅くまで働く
- [study] math 数学を勉強する
- [sing] the song その歌を歌う
- [watch] TV テレビを見る
- [cook] dinner 夕食を料理する
- [wash] the dishes 食器を洗う
- [make] a cake ケーキを作る
- [send] an e-mail メールを送る
- meet Lisa リサに[会う]
- talk with her 彼女と[話す]
- clean the room 部屋を[そうじする]

入試ナビ have, get, take は，あとの語句から意味を判断する。
日常の行動を表す動詞は，あらゆる問題で問われる。

★★★★★

動詞

その他の重要動詞

- [walk] 歩く
- [run] 走る
- [practice] 練習する
- [swim] 泳ぐ
- [play] tennis テニスをする
- [live] in Tokyo 東京に住んでいる
- [leave] home 家を出発する
- [visit] Kyoto 京都を訪れる
- wait for him 彼を[待つ]
- call her 彼女に[電話する]
- turn right 右に[曲がる]
- find the key かぎを[見つける]
- stay in Japan 日本に[滞在する]
- wear glasses めがねを[かけている]

入試に出る 実戦問題

日本語に合うように，(　　)に適する語を入れなさい。

① 兄がいる (have) a brother
② 写真を撮る (take) a picture
③ 英語を勉強する (study) English
④ サッカーをする (play) soccer
⑤ 母を手伝う (help) my mother
⑥ おじを訪ねる (visit) my uncle
⑦ 左に曲がる (turn) left
⑧ 教室をそうじする (clean) our classroom
⑨ トムを待つ (wait) for Tom
⑩ 学校に歩いていく (walk) to school
⑪ 英語の歌を歌う (sing) an English song

6 【動詞】

1年 2年 3年

基本動詞 (2)

感情や感覚などを表す動詞

- [like] cats ねこが好きだ
- [love] peace 平和を愛する
- [look] at the sky 空を見る
- [see] a bird 鳥が見える
- [listen] to music 音楽を聞く
- [hear] a song 歌が聞こえる
- [feel] tired 疲れていると感じる
- [want] a computer コンピューターがほしい
- [know] the name その名前を知っている
- [need] your help あなたの助けを必要とする
- I [think] so. 私はそう思う。

意味が対(つい)になる動詞

- [ask] たずねる ↔ [answer] 答える
- [open] 開ける ↔ [close / shut] 閉める
- [teach] 教える ↔ [learn] 学ぶ，覚える
- [start] 始める ↔ [stop] やめる
- [begin] 始める ↔ [finish] 終える
- [take] 持っていく ↔ [bring] 持ってくる
- remember [覚えている / 思い出す] ↔ forget [忘れる]
- stand [立つ] ↔ sit [すわる]
- build [建てる] ↔ break [こわす]
- sell [売る] ↔ buy [買う]
- win [勝つ] ↔ lose [負ける]

入試ナビ　あとにくる語句といっしょに覚えよう。
関連する単語とセットにして覚えよう。

★★★★★

セットで覚えたい動詞

- [read] 読む　• [write] 書く　• [speak]（言葉を）話す
- laugh [笑う]　• smile [ほほえむ]　• cry [泣く]
- sound [～に聞こえる]　• taste [～の味がする]
- smell [～のにおいがする]

動詞

入試に出る 実戦問題

＞日本語に合うように，(　　)に適する語を入れなさい。

①音楽を聞く	(listen) to music
②新しい自転車がほしい	(want) a new bike
③あの男性を知っている	(know) that man
④質問をする	(ask) a question
⑤窓を開ける	(open) the window
⑥理科を教える	(teach) science
⑦宿題を終える	(finish) my homework
⑧彼の名前を覚えている	(remember) his name
⑨立ち上がる	(stand) up
⑩新しいかばんを買う	(buy / get) a new bag
⑪その試合に勝つ	(win) the game
⑫メールを書く	(write) an e-mail
⑬英語を話す	(speak) English
⑭カメラにほほえむ	(smile) at the camera

【動詞】

動詞の語形変化

1年 2年 3年

一般動詞の 3 単現(3 人称単数・現在形)の s のつけ方

☑ ①ふつう → 語尾に s をつける

know(知っている) → [knows] come(来る) → [comes]

help(手伝う) → [helps] buy(買う) → [buys]

☑ ②語尾が o, s, x, ch, sh → es をつける

go(行く) → [goes] do(する) → [does]

teach(教える) → [teaches] wash(洗う) → [washes]

☑ ③〈子音字＋ y〉 → y を i に変えて es をつける

study(勉強する) → [studies] try(試みる) → [tries]

cry(泣く) → [cries] carry(運ぶ) → [carries]

◎ have(持っている)は例外で，3 単現の形は has。

一般動詞(規則動詞)の過去形の ed のつけ方

☑ ①ふつう → 語尾に ed をつける

play(する) → [played] visit(訪れる) → [visited]

help(手伝う) → [helped] talk(話す) → [talked]

☑ ②語尾が e → d だけをつける

live(住んでいる) → [lived] use(使う) → [used]

like(好む) → [liked] arrive(着く) → [arrived]

☑ ③〈子音字＋ y〉 → y を i に変えて ed をつける

study(勉強する) → [studied] try(試みる) → [tried]

cry(泣く) → [cried] carry(運ぶ) → [carried]

☑ ④〈短母音＋子音字〉 → 子音字を重ねて ed をつける

stop(やめる) → [stopped]

3単現のsと過去形のedのつけ方はセットで覚えよう。
不規則動詞の過去形には要注意！

★★★★★

動詞

不規則動詞

- □ go（行く） → [went]
- □ come（来る） → [came]
- □ speak（話す） → [spoke]
- □ run（走る） → [ran]
- □ make（作る） → [made]
- □ leave（去る） → [left]
- □ buy（買う） → [bought]
- □ eat（食べる） → [ate]
- □ know（知っている） → [knew]
- □ get（手に入れる） → [got]
- □ give（与える） → [gave]
- □ write（書く） → [wrote]
- □ begin（始める） → [began]
- □ have（持っている） → [had]
- □ feel（感じる） → [felt]
- □ build（建てる） → [built]
- □ see（見える） → [saw]
- □ take（取る） → [took]

入試に出る 実戦問題

＞日本文に合うように，（　　）に適する語を入れなさい。

□ ①私のおばは千葉に住んでいます。
My aunt (lives) in Chiba.

□ ②山田先生は英語を教えています。
Mr. Yamada (teaches) English.

□ ③マリアは昨夜，数学を勉強しました。
Maria (studied) math last night.

□ ④彼はこの前の4月に日本に来ました。
He (came) to Japan last April.

□ ⑤私は奈良でこれらの写真を撮りました。
I (took) these pictures in Nara.

□ ⑥彼女は昨日，カナダに向けて日本を出発しました。
She (left) Japan for Canada yesterday.

8 名詞・冠詞

数えられる名詞と数えられない名詞

◎**数えられる名詞**…1つのときは前に **a** や **an** をつける。
└1つ2つ…と数えられる名詞。
2つ以上のときは**複数形**にする。(複数形の作り方は p.26 参照)

例 a cat 1ぴきのねこ　two cats 2ひきのねこ

◎**数えられない名詞**…固有名詞，抽象名詞，物質名詞は，a や an はつかず，複数形にもしない。

固有名詞…Japan(日本)，Mt. Fuji(富士山)，Ann(アン)
└地名や人名など。

抽象名詞…love(愛)，peace(平和)，news(ニュース)
└具体的な形のないもの。

物質名詞…water(水)，rain(雨)，paper(紙)，money(お金)
└液体や素材など。

言語，教科など…English(英語)，math(数学)，tennis(テニス)，homework(宿題)

数えられる名詞の数と数えられない名詞の量の表し方

数量の意味	数えられる名詞	数えられない名詞
たくさんの	[many] books (多数の本)	[much] water (多量の水)
いくらかの	[some] books (何冊かの本)	[some] water (いくらかの水)
少しの	[a few] books (少数の本)	[a little] water (少量の水)
ほとんどない	[few] books (少ししかない本)	[little] water (少ししかない水)

数えられる名詞と数えられない名詞の区別に注意。
「1つ」のときにaをつけ忘れるミスに気をつけよう。

冠詞は名詞の前につく

◎aは「1つの」という意味で，数えられる名詞の単数形の前につける。母音で始まる語の前ではanをつける。

例 a dog　1ぴきの犬　　an apple　1つのりんご

◎a, anは，myやyourなどといっしょには使わない。

例 This is my book.　これは私の本です。

◎theは「その」という意味で，特定される名詞の前につける。単数形，複数形にも数えられない名詞にも使う。

例 the dog　その犬　　the dogs　その犬たち

◎theは，1つしかないものなどの名詞の前にもつける。

例 the sun　太陽　　in the morning　午前中に

例 the first train　始発電車

入試に出る 実戦問題 ＞（　）内から適する語を選び，記号で答えなさい。

① I have (ア a　イ an　ウ two) cat.　（ア）

② Did you hear (ア a　イ an　ウ the) news?　（ウ）

③ Do you have (ア many　イ much　ウ lot) snow in winter in Tokyo?　（イ）

④ I saw him a (ア few　イ little　ウ many) days ago.　（ア）

⑤ It's two in (ア a　イ an　ウ the) afternoon.　（ウ）

意味 ① 私はねこを(1ぴき)飼っています。 ② あなたはそのニュースを聞きましたか。 ③ 東京では冬に雪がたくさん降りますか。 ④ 私は2，3日前に彼に会いました。 ⑤ 午後2時です。

名詞の複数形

複数形の s のつけ方

◎数えられる名詞が 2 つ以上のときは，複数形にする。

☑ ①ふつう → 語尾に s をつける

book（本） → [books]　student（生徒） → [students]

dog（犬） → [dogs]　room（部屋） → [rooms]

☑ ②語尾が s, x, ch, sh → es をつける

bus（バス） → [buses]　box（箱） → [boxes]

dish（皿） → [dishes]　watch（腕時計） → [watches]

注意 語尾が o の名詞は，s をつける語と es をつける語がある。
piano（ピアノ） → pianos
potato（じゃがいも） → potatoes

☑ ③〈子音字＋ y〉 → y を i に変えて es をつける

city（都市） → [cities]　story（物語） → [stories]

baby（赤ん坊） → [babies]　country（国） → [countries]

dictionary（辞書） → [dictionaries]

☑ ④語尾が f, fe → f, fe を v に変えて es をつける

leaf（葉） → [leaves]　life（生命） → [lives]

knife（ナイフ） → [knives]

不規則に変化する名詞・形が同じ名詞

☑ man（男の人） → [men]　☑ woman（女の人） → [women]

☑ child（子ども） → [children]

☑ foot（足） → [feet]　☑ tooth（歯） → [teeth]

☑ fish（魚） → [fish]　☑ Japanese（日本人） → [Japanese]

入試ナビ yで終わる語やchildの複数形がよくねらわれる！
数えられない名詞の量の表し方に要注意。

数えられない名詞の量の表し方

◎数えられない名詞は，**容器などの単位**で量を表す。

- □ a [glass] of milk → （コップ）1杯の牛乳
- □ a [cup] of tea → （カップ）1杯のお茶
- □ two [cups] [of] coffee → （カップ）2杯のコーヒー

注意 複数の量は，容器などの単位を表す語を複数形にする。

- □ a [piece] of paper → 1枚の紙
  └ sheetを使うこともある

入試に出る 実戦問題

＞次の名詞の複数形を書きなさい。

- □ ①boy（男の子） → (boys)
- □ ②dish（皿） → (dishes)
- □ ③story（物語） → (stories)
- □ ④leaf（葉） → (leaves)
- □ ⑤child（子ども） → (children)
- □ ⑥Japanese（日本人） → (Japanese)

＞日本文に合うように，(　　)に適する語を入れなさい。

□ ⑦水を(コップ)1杯くれませんか。
Can I have a (glass) of water?

□ ⑧コーヒーを(カップ)1杯いかがですか。
Would you like a (cup) of coffee?

□ ⑨彼は2枚の紙を使いました。
He used two (pieces / sheets) of paper.

10 【名詞・冠詞・代名詞】 基本単語（名詞）(1)

1年 2年 3年

月

☑ [January]	1月	☑ [February]	2月
☑ [March]	3月	☑ [April]	4月
☑ [May]	5月	☑ [June]	6月
☑ [July]	7月	☑ [August]	8月
☑ [September]	9月	☑ [October]	10月
☑ [November]	11月	☑ [December]	12月

季節

☑ [spring]	春	☑ [summer]	夏
☑ [fall / autumn]	秋	☑ [winter]	冬

曜日

☑ [Sunday]	日曜日	☑ [Monday]	月曜日
☑ [Tuesday]	火曜日	☑ [Wednesday]	水曜日
☑ [Thursday]	木曜日	☑ [Friday]	金曜日
☑ [Saturday]	土曜日		

時を表す名詞

☑ [year]	年	☑ [season]	季節
☑ [month]	(年月の)月	☑ [week]	週
☑ [morning]	朝，午前	☑ [afternoon]	午後
☑ [evening]	夕方，晩	☑ [night]	夜

入試ナビ くり返し単語を発音して，つづりを覚えよう。
曜日や月を書かせる問題が出る。

曜日は，what day でたずねる

What day is it today? — It's Saturday.

今日は何曜日ですか。—土曜日です。

◎**曜日をたずねる文**…it を主語にして，What day is it today? と表す。応答の文でも it を主語にして答える。

注意 What day is today? とたずねることもある。

入試に出る 実戦問題

> 次の日本語を英語にしなさい。

①2月 (February)　②7月 (July)

③8月 (August)　④9月 (September)

⑤12月 (December)　⑥夏 (summer)

⑦火曜日 (Tuesday)　⑧水曜日 (Wednesday)

⑨週 (week)　⑩午後 (afternoon)

⑪夜 (night)　⑫春 (spring)

> 日本文に合うように，(　　)に適する語を入れなさい。

⑬今日は何曜日ですか。—木曜日です。

(What) (day) is it today? — It's (Thursday).

⑭4月のあとは何月ですか。—5月です。

What (month) comes after (April)?

— (May) does.

⑮1月は1年の1番目の月です。

(January) is the first month of the (year).

11 【名詞・冠詞・代名詞】

基本単語（名詞）(2)

数

☑ [one]	1	☑ [eleven]	11	☑ [thirty]	30
☑ [two]	2	☑ [twelve]	12	☑ [forty]	40
☑ [three]	3	☑ [thirteen]	13	☑ [fifty]	50
☑ [four]	4	☑ [fourteen]	14	☑ [sixty]	60
☑ [five]	5	☑ [fifteen]	15	☑ [seventy]	70
☑ [six]	6	☑ [sixteen]	16	☑ [eighty]	80
☑ [seven]	7	☑ [seventeen]	17	☑ [ninety]	90
☑ [eight]	8	☑ [eighteen]	18	☑ one [hundred]	100
☑ [nine]	9	☑ [nineteen]	19	☑ one [thousand]	1,000
☑ [ten]	10	☑ [twenty]	20		

◎21，22 は twenty-one，twenty-two のように表す。

序数

☑ [first]	1 番目（の）	☑ [eighth]	8 番目（の）
☑ [second]	2 番目（の）	☑ [ninth]	9 番目（の）
☑ [third]	3 番目（の）	☑ [tenth]	10 番目（の）
☑ [fourth]	4 番目（の）	☑ [eleventh]	11 番目（の）
☑ [fifth]	5 番目（の）	☑ [twelfth]	12 番目（の）
☑ [sixth]	6 番目（の）	☑ [thirteenth]	13 番目（の）
☑ [seventh]	7 番目（の）	☑ [twentieth]	20 番目（の）

◎「21 番目（の）」は twenty-first と表す。

12 と 20 や，14 と 40 のつづりの違いに注意。
「1 番目」～「3 番目」のつづりを書かせる問題も多い。

色

- □ [white] 白(い)
- □ [black] 黒(い)
- □ [red] 赤(い)
- □ [blue] 青(い)
- □ [yellow] 黄色(の)
- □ [green] 緑(の)
- □ [brown] 茶色(の)
- □ [color] 色

入試に出る **実戦問題** ＞次の日本語を英語にしなさい。

- ①1 (one)
- ②3 (three)
- ③4 (four)
- ④7 (seven)
- ⑤8 (eight)
- ⑥12 (twelve)
- ⑦15 (fifteen)
- ⑧20 (twenty)
- ⑨1 番目(の) (first)
- ⑩2 番目(の) (second)
- ⑪3 番目(の) (third)
- ⑫5 番目(の) (fifth)
- ⑬9 番目(の) (ninth)
- ⑭20 番目(の) (twentieth)
- ⑮白(い) (white)
- ⑯黒(い) (black)
- ⑰青(い) (blue)
- ⑱黄色(の) (yellow)

＞日本文に合うように，(　　)に適する語を入れなさい。

⑲何時ですか。— 2 時 30 分です。
What time is it? — It's (two) (thirty).

⑳あなたは何色が好きですか。—私は赤が好きです。
What (color(s)) do you like? — I like (red).

12

【名詞・冠詞・代名詞】

基本単語（名詞）(3)

1年 2年 3年

家族

☑ [father]	父	☑ [mother]	母
☑ [brother]	兄，弟	☑ [sister]	姉，妹
☑ [grandfather]	祖父	☑ [grandmother]	祖母
☑ [uncle]	おじ	☑ [aunt]	おば
☑ [parents]	両親	☑ [family]	家族

スポーツ

☑ [baseball]	野球	☑ [soccer]	サッカー
☑ [tennis]	テニス	☑ [basketball]	バスケットボール
☑ [team]	チーム	☑ [player]	選手
☑ [member]	メンバー	☑ [sport]	スポーツ

教科

☑ [Japanese]	国語	☑ [English]	英語
☑ [math]	数学	☑ [science]	理科
☑ [music]	音楽	☑ [subject]	教科

人，施設

☑ [teacher]	先生	☑ [student]	生徒
☑ [friend]	友達	☑ [library]	図書館
☑ [station]	駅	☑ [hospital]	病院
☑ [museum]	博物館	☑ [bookstore]	書店

入試ナビ　どの単語も英作文で使うことが多い。
確実に書けるように何度も練習しておこう。

「何の～」は，〈What +名詞〉でたずねる

What subject(s) do you like? — I like math.

あなたは何の教科が好きですか。—私は数学が好きです。

◎「何の～」は，What のあとに名詞を続ける。

例 What sport(s) does he like? — He likes soccer.

彼は何のスポーツが好きですか。— 彼はサッカーが好きです。

注意 What is his favorite sport?（彼の大好きなスポーツは何ですか）とたずねることもできる。

入試に出る 実戦問題 ＞次の日本語を英語にしなさい。

- ①母 (mother)
- ②祖父 (grandfather)
- ③おじ (uncle)
- ④姉，妹 (sister)
- ⑤テニス (tennis)
- ⑥メンバー (member)
- ⑦先生 (teacher)
- ⑧友達 (friend)
- ⑨図書館 (library)
- ⑩駅 (station)
- ⑪病院 (hospital)
- ⑫博物館 (museum)

＞日本文に合うように，(　　)に適する語を入れなさい。

⑬あなたは何の教科が好きですか。— 音楽が好きです。
What (subject(s)) do you like?
— I like (music).

⑭彼は何のスポーツが好きですか。— 野球が好きです。
What (sport(s)) does he like?
— He likes (baseball).

代名詞

人称代名詞

◎主格　…「～は」「～が」という意味で，文の主語になる。

◎所有格…「～の」という意味で，名詞の前におく。

◎目的格…「～を」「～に」という意味で，一般動詞や前置詞の目的語になる。

	単数			複数		
	主格	所有格	目的格	主格	所有格	目的格
1人称	I	[my]	[me]	[we]	[our]	[us]
2人称	you	[your]	[you]	you	[your]	[you]
3人称	he she it	[his] [her] [its]	[him] [her] [it]	[they]	[their]	[them]

例 I am his friend.　私は彼の友達です。

例 We like her very much.　私たちは彼女が大好きです。

例 They showed it to us.　彼らはそれを私たちに見せました。

注意 前置詞(ここでは to)のあとの代名詞は目的格にする。

所有代名詞

◎所有代名詞は「～のもの」という意味。あとに名詞はこない。

[mine] 私のもの　　[yours] あなた(たち)のもの

[his] 彼のもの　　[hers] 彼女のもの

[ours] 私たちのもの　　[theirs] 彼らのもの

例 Whose dictionary is this? — It's mine.

これはだれの辞書ですか。— 私のものです。

注意 上の例では mine は my dictionary の代わりに使われている。

入試ナビ　前置詞のあとの代名詞を目的格にすることに注意。
〈所有格＋名詞〉と所有代名詞の書きかえが出る。

★★★★★

指示代名詞と不定代名詞

◎this は「**これ**」，複数形は these（これら）。

◎that は「**あれ**」，複数形は those（あれら）。

◎one は前に出た名詞をくり返す代わりに使う。

◎another は「**別のもの**」，something は「**何か**」，nothing は「**何も～ない**」，everything は「**何でも**」という意味。

例 These are her pictures.　これらは彼女の写真です。

例 My bike is old.　I want a new one.
私の自転車は古いです。新しいのがほしいです。

例 She said nothing. = She didn't say anything.
彼女は何も言いませんでした。

注意 疑問文の「何か」や否定文の「何も」は，anything を使う。

入試に出る 実戦問題 ＞（　　）内から適する語を選び，記号で答えなさい。

① (ア She　イ Her　ウ Hers) brother likes music.　（イ）

② Mr. Hill teaches English to (ア we　イ our　ウ us).　（ウ）

③ (ア You　イ Your　ウ Yours) school is really new,
but (ア their　イ them　ウ theirs) is old.　（イ，ウ）

＞日本文に合うように，(　　)に適する語を入れなさい。

④ あれは彼の本です。　(That) is (his) book.

⑤ どちらのかばんがあなたのですか。―あの赤いのです。
Which bag is (yours)? — That red (one).

意味 ① 彼女のお兄さん[弟さん]は音楽が好きです。　② ヒル先生は私たちに英語を教えています。　③ あなたの学校は本当に新しいですが，彼らのは古いです。

14 形容詞（1）

☑ あとの名詞を修飾する

These are beautiful flowers.

これらは美しい花です。

◎形容詞はふつう修飾する**名詞の前**におく。

◎-thing で終わる語を修飾するときは，**そのあと**におく。

例 This is my favorite book.　これは私のお気に入りの本です。

例 I'd like something cold.　何か冷たいものがほしいのですが。

☑ 主語を説明する

These flowers are beautiful.

これらの花は美しい。

◎形容詞は be 動詞のあとにきて**主語を説明**する。

例 This book is interesting.　この本はおもしろい。

☑ 数量を表す形容詞

I have a few friends in this city.

私はこの市に友達が少しいます。

◎many（たくさんの），a few（少しの）は**数えられる名詞の複数形**に，much（たくさんの），a little（少しの）は**数えられない名詞**に使う。（→ p.24 参照）

例 I have a little money.　私はお金を少し持っています。

入試ナビ　数量を表す形容詞がよくねらわれる！
疑問文で使う some の用法に注意。

★★★★

some と any

I have some questions.

私はいくつか質問があります。

◎some や any は「いくつかの」「いくらかの」という意味で，**数えられる名詞の複数形や数えられない名詞**にも使う。

◎疑問文・否定文では，ふつう some ではなく any を使う。

例 Do you have any questions?　何か質問はありますか。

例 Would you like some coffee?　コーヒーはいかがですか。

注意 ものをすすめるときは疑問文でも **some** を使う。

入試に出る 実戦問題

> [　　]内の語が入る位置を選び，記号で答えなさい。

① バスケットボールは彼女のいちばん好きなスポーツです。
Basketball is ア her ㋑ sport ウ . [favorite]

② この映画はとてもわくわくしました。
This ア movie was イ very ㋒. [exciting]

> 日本文に合うように，(　　)に適する語を入れなさい。

③ 私は昨日，忙しかった。　**I was (busy) yesterday.**

④ この歌は若い女の子たちの間で人気があります。
This song is (popular) among (young) girls.

⑤ その歌手は有名になりました。
The singer became (famous).

⑥ お茶はいかがですか。
Would you like (some) tea?

15

【形容詞・副詞】

1年 2年 3年

形容詞 (2)

複数の意味をもつ形容詞

- an [old] car 古い車
- a [new] car 新しい車
- an [old] cat 年とったねこ
- a [young] cat 若いねこ
- a [short] tree 低い木
- a [tall] tree 高い木
- [short] hair 短い髪
- [long] hair 長い髪
- my [right] hand 右手
- my [left] hand 左手
- the [right] answer 正しい答え
- a [wrong] answer 間違った答え
- a [light] room 明るい部屋
- a [dark] room 暗い部屋
- a [light] bag 軽いかばん
- a [heavy] bag 重いかばん

反対の意味をもつ形容詞

- a [big / large] dog 大きい犬
- a [little / small] dog 小さい犬
- a [good] book よい本
- a [bad] book 悪い本
- a [high] mountain 高い山
- a [low] mountain 低い山
- I'm [busy]. 私は忙しい。
- I'm [free]. 私はひまです。
- an [easy] job 簡単な仕事
- a [difficult] job 難しい仕事
  a [hard] job 難しい仕事
- the [same] class 同じ組
- a [different] class 違う組
- I'm [hungry]. 私は空腹です。
- I'm [full]. 私は満腹です。
- a [strong] team 強いチーム
- a [weak] team 弱いチーム
- the [first] train 始発電車
- the [last] train 最終電車
- an [expensive] car 高い車
- a [cheap] car 安い車

反対の意味の語や関連する語を整理して覚えよう！
天気を表す形容詞はリスニングでもよく出る。

★★★★★

天気・寒暖を表す形容詞

- [sunny] 晴れた
- [rainy] 雨の
- [windy] 風の強い
- [hot] 暑い
- [warm] 暖かい
- [cloudy] くもりの
- [snowy] 雪の
- [stormy] あらしの
- [cold] 寒い
- [cool] 涼しい

例 How is the weather in Tokyo? — It's sunny.

東京の天気はどうですか。— 晴れです。

注意 天気を表す文は it を主語にする。「晴れた」は fine, clear, good などを使うこともある。

入試に出る 実戦問題 ＞日本文に合うように，(　　)に適する語を入れなさい。

① 私はおなかがすいています。　I'm (hungry).

② あなたの自転車は新しいですが，私のは古いです。
Your bike is (new), but mine is (old).

③ この問題は簡単ですか。— いいえ，難しいです。
Is this question (easy)?
— No, it's (difficult / hard).

④ 彼は若くて，強いです。　He is (young) and (strong).

⑤ 外の天気はどうですか。— くもりです。
How's the weather outside? — It's (cloudy).

⑥ 今日は晴れて，暑いです。
It's (sunny) and (hot) today.

形容詞・副詞

16 【形容詞・副詞】副詞（1）

場所や時を表す副詞

She came here yesterday.

彼女は昨日，ここに来ました。

◎場所を表す副詞

- come [here] ここに来る
- go [there] そこに行く
- get [home] 家に着く

◎時を表す副詞

- [today] 今日
- [yesterday] 昨日
- [tomorrow] 明日
- [now] 今
- [then] そのとき
- [soon] まもなく，すぐに

◎2語以上が1つのまとまりになるもの

every ～（毎～）	every day	[毎日]
	every Sunday	[毎週日曜日に]
this ～（この～）	this week	[今週]
	this Monday	[この月曜日に]
last ～（この前の～）	last year	[去年]
	last Friday	[この前の金曜日に]
next ～（次の～）	next month	[来月]
	next Tuesday	[次の火曜日に]
～ ago（～前に）	a week ago	[1週間前に]
	ten days ago	[10日前に]

例 I come home at six every day.　私は毎日6時に家に帰ります。

例 They went there last year.　彼らは去年そこに行きました。

入試ナビ 副詞の前に前置詞はつけない！
2語以上で副詞の働きをするものに注意。

★★★★★

様子を表す副詞

She speaks English very well.

彼女はとてもじょうずに英語を話します。

◎様子を表す副詞

- run [fast] 速く走る
- walk [slowly] ゆっくり歩く
- get up [early] 早く起きる
- get home [late] 遅く帰宅する
- answer a question [easily] 質問に簡単に答える
- study [hard] for the math test 数学のテストに向けて熱心に勉強する
- play the piano [well] じょうずにピアノをひく

入試に出る 実戦問題 ＞日本文に合うように，（　）に適する語を入れなさい。

①彼は昨日，じょうずにギターをひきました。
He played the guitar (well) (yesterday).

②あなたのお父さんは今，家にいますか。
Is your father (home) (now)?

③私は今朝，早く起きました。
I got up (early) (this) morning.

④彼は昨夜，遅くまで起きていました。
He stayed up (late) (last) night.

⑤彼らは毎月そこへ行きます。
They go (there) (every) month.

⑥彼女は10年前はここに住んでいました。
She lived (here) ten years (ago).

17 【形容詞・副詞】

副詞 (2)

1年 2年 3年

頻度を表す副詞は一般動詞の前

She often goes to the library.

彼女はよく図書館に行きます。

◎**頻度**（ひんど）**を表す副詞**はふつう一般動詞の前におく。

- [always] いつも
- [usually] ふつう，たいてい
- [often] しばしば，よく
- [sometimes] ときどき
- [never] 決して～ない

例 I usually get up at seven. 私はたいてい7時に起きます。

例 He's never late for school. 彼は決して学校に遅れません。

注意 be 動詞の文では，頻度を表す副詞はふつう be 動詞のあとにおく。

否定文での「～もまた」は either

I don't like sports.
My mother doesn't, either.

私はスポーツが好きではありません。母もです。

◎「～も(また)」は，肯定文や疑問文では too や also を使うが，否定文では either を使う。

例 She plays tennis. She plays soccer, too.

彼女はテニスをします。彼女はサッカーもします。

例 I don't play tennis. I don't play soccer, either.

私はテニスをしません。私はサッカーもしません。

入試ナビ 頻度を表す副詞の位置に注意！
否定文で「〜も」を表す either がねらわれる。

☑ **形容詞やほかの副詞を修飾する副詞**

She is very kind to elderly people.

彼女はお年寄りの人たちにとても親切です。

◎形容詞やほかの副詞を修飾する副詞もある。

- [very] とても
- [really] 本当に
- [only] ただ〜だけ
- [enough] 十分に

例 It's really hot today. 今日は本当に暑い。

例 I have only one dollar. 私は１ドルしか持っていません。

例 The room isn't large enough for the party.
その部屋はパーティーには十分な広さではありません。

入試に出る 実戦問題 ＞日本文に合うように，(　　)に適する語を入れなさい。

☑ ①私の父はいつも忙しい。
My father is (always) busy.

☑ ②あなたは週末にはふつう何をしますか。
What do you (usually) do on weekends?

☑ ③彼のお姉さんもピアノをじょうずにひきます。
His sister plays the piano well, (too).

☑ ④ジェームズも日本語を話しません。
James doesn't speak Japanese, (either).

☑ ⑤それは本当にいい考えです。
That's a (really) good idea.

【進行形・未来・疑問詞】 1年 2年 3年

18 進行形

現在進行形は，〈am, is, are＋動詞の ing 形〉

I am studying English.

私は英語を勉強しています。

◎「(今)～している」という現在進行中の動作は，〈am, is, are＋動詞の ing 形〉で表す。

◎「～していた」という過去のあるときに進行中だった動作は，〈was, were＋動詞の ing 形〉で表す。

例 She is listening to music. 彼女は音楽を聞いています。

例 He was playing baseball after school.
彼は放課後，野球をしていました。

例 My parents were cooking in the kitchen.
両親は台所で料理をしていました。

ing は，動詞の原形の語尾につける

She is sitting under that tree.

彼女はあの木の下にすわっています。

◎動詞の ing 形…原形の語尾に ing をつける。

ふつう	→ そのまま ing	do	→ [doing]
語尾が e	→ e をとって ing	use	→ [using]
〈短母音＋子音字〉	→ 子音字を重ねて ing	run	→ [running]

例 I was reading a book in the library.
私は図書館で本を読んでいました。

入試ナビ　進行形は，現在か過去かで be 動詞を使い分ける！
語尾の子音字を重ねる ing 形に注意。

★★★★★

☑ 否定文・疑問文の作り方は，ふつうの be 動詞の文と同じ

Was Ken watching TV?

健はテレビを見ているところでしたか。

◎否定文…be 動詞のあとに not を入れる。

◎疑問文…be 動詞で文を始める。

例 They weren't talking on the phone then.

彼らはそのとき電話で話していませんでした。

注意 短縮形の isn't, aren't, wasn't, weren't もよく使われる。

例 Is it raining? — Yes, it is. / No, it isn't.

雨が降っていますか。— はい。／いいえ。

例 What are you doing? — I'm studying math.

あなたは何をしていますか。— 数学を勉強しています。

入試に出る 実戦問題 ＞次の動詞の ing 形を答えなさい。

☑ ①walk（歩く）→（walking）

☑ ②swim（泳ぐ）→（swimming）

☑ ③make（作る）→（making）

＞日本文に合うように，（　）に適する語を入れなさい。

☑ ④私は手紙を書いています。　I'm (writing) a letter.

☑ ⑤彼は公園で走っていません。
He (isn't) (running) in the park.

☑ ⑥あなたはそのとき何をしていましたか。
What (were) you (doing) then?

未来の文

未来の予定は be going to で表す

I am going to play tennis tomorrow.

私は明日テニスをするつもりです。

◎「～するつもりだ」は，〈be going to＋動詞の原形〉で表す。
be は主語によって，am, is, are を使い分ける。

◎否定文・疑問文の作り方は，ふつうの be 動詞の文と同じ。

例 I'm not going to meet her next Saturday.
私は次の土曜日に彼女と会う予定はありません。

例 Are you going to buy her new book? — Yes, I am.
あなたは彼女の新しい本を買うつもりですか。— はい。

例 What are you going to do this weekend?
あなたは今週末何をするつもりですか。

未来のことは〈will＋動詞の原形〉を使っても表せる

Ms. Miller will visit Kyoto this summer.

ミラーさんはこの夏に京都を訪れるでしょう。

◎未来のことは動詞の前に will を入れても表せる。

◎will のあとの動詞はいつも原形にする。

例 I'll call her tomorrow.　私は明日，彼女に電話します。

注意 I will → I'll のように，〈主語＋will〉は短縮形をよく使う。

例 It will be rainy next Monday.　次の月曜日は雨でしょう。

注意 be は be 動詞(am, is, are)の原形。

入試ナビ　未来のことは be going to か will で表す！
あとの動詞を原形にすることに注意。

★★★★★

Will ～? には will を使って答える

Will you be home tomorrow morning?
あなたは明日の朝，家にいますか。

◎will の否定文…will のあとに not を入れる。
◎will の疑問文…Will で文を始める。

例 I won't study tonight.　私は今夜は勉強しません。
└ will not の短縮形

例 Will she come here this afternoon?
— Yes, she will. / No, she won't.
彼女は今日の午後ここに来るでしょうか。— はい。／いいえ。

入試に出る 実戦問題

> （　）内から適する語を選び，記号で答えなさい。

① He's (ア go　イ goes　ウ going) to (ア clean　イ cleans　ウ cleaning) his room this afternoon.

② (ア We　イ We'll　ウ We're) be fifteen next month.

> 日本文に合うように，（　）に適する語を入れなさい。

③ 彼は放課後，勉強するでしょうか。
— いいえ，しないでしょう。
(Will) he study after school? — No, he (won't).

④ 彼らは次の日曜日，何をする予定ですか。
What (are) they going to (do) next Sunday?

意味
① 彼は今日の午後，部屋をそうじする予定です。
② 私たちは来月 15 歳になります。

20 【進行形・未来・疑問詞】 疑問詞 (1)

1年 2年 3年

what は「何」

What did you do yesterday?

あなたは昨日，何をしましたか。

◎What ～? には，何であるかを答える。

◎What のあとに名詞がくると「何の～」「どんな～」。

例 What's your favorite subject? — It's math.
└ What is の短縮形。

あなたのいちばん好きな教科は何ですか。— 数学です。

例 What are you doing? — I'm reading a book.

あなたは何をしていますか。— 本を読んでいます。

例 What color does he like? — He likes blue.

彼は何色が好きですか。— 彼は青が好きです。

who は「だれ」

Who is that man?

あの男の人はだれですか。

◎「だれ」「だれが」は，who でたずねる。

◎Who が主語のときは，あとに動詞がくる。

例 Who's Jacob? — He's Ken's friend.
└ Who is の短縮形。

ジェイコブとはだれですか。— 健の友達です。

例 Who teaches English? — Ms. Kato does.

だれが英語を教えていますか。— 加藤先生です。

入試ナビ　疑問詞のたずねている内容を答える。
応答の文から疑問詞を答えさせる問題にも注意。

★★★★★

which は「どちら(の)」，whose は「だれの～」

Which bag is yours? — This black one is.

どちらのかばんがあなたのですか。— この黒いのです。

◎「どちら，どれ」「どちらの～，どの～」は which で，「だれの～」は whose でたずねる。

例 Which do you like better, math or English?
— I like English better.

数学と英語とではどちらのほうが好きですか。— 英語のほうが好きです。

例 Whose pen is this? — It's mine.

これはだれのペンですか。— 私のです。

入試に出る 実戦問題 ＞（　）内から適する語を選び，記号で答えなさい。

① (ア What　㋑ Who　ウ Which) made these cookies?
— I did.

② (ア What　イ Who　㋒ Whose) book is this?
— It's Kate's.

③ (㋐ What　イ Who　ウ Whose) did you have for breakfast this morning? — I had toast and milk.

④ (ア What　イ Who　㋒ Which) train goes to Nagano?
— That green one.

意味 ① だれがこれらのクッキーを作りましたか。—私です。　② これはだれの本ですか。—ケイトのです。　③ あなたは今朝，朝食に何を食べましたか。—トーストと牛乳です。　④ どの電車が長野に行きますか。—あの緑の電車です。

21 【進行形・未来・疑問詞】 疑問詞 (2)

1年 2年 3年

when は「いつ」，where は「どこ」

When did you come to Japan?
— Last July.

あなたはいつ日本に来ましたか。―この前の７月です。

◎When ～? には，時を答える。

◎Where ～? には，場所を答える。

例 When is your birthday? — It's June 8.

あなたの誕生日はいつですか。― ６月８日です。

例 Where is Emma from? — She's from New York.

エマはどこの出身ですか。― 彼女はニューヨークの出身です。

例 Where does his uncle live? — He lives in Sapporo.

彼のおじさんはどこに住んでいますか。― 札幌に住んでいます。

why は「なぜ」，how は「どうやって」「どんなふうで」

How do you go to school? — By bus.

あなたはどうやって通学していますか。―バスでです。

◎Why ～? には，理由や目的を答える。

◎How ～? には，手段や状態を答える。

例 Why were you at home? — Because I had a cold.

あなたはなぜ家にいたのですか。― かぜをひいていたからです。

例 How is your grandmother? — She's fine, thank you.

おばあさんはお元気ですか。― 元気です，ありがとうございます。

入試ナビ　疑問詞と応答の文をセットで覚える！
〈How ＋形容詞[副詞]〉の意味に注意。

★★★★★

☑ How many は「いくつ」，How much は「いくら」

How many brothers do you have? — I have two.

あなたには兄弟は何人いますか。— 2人います。

How [many] ～? → いくつ（数）
How [much] ～? → いくら（値段），どれくらい（量）
How [old] ～? → 何歳（年齢，古さ）
How [long] ～? → どれくらい長く[長い]（期間，長さ）
How [tall] ～? → どれくらい高い（身長，高さ）
How [far] ～? → どれくらい離れて（距離）

入試に出る 実戦問題 ＞（　　）内から適する語を選び，記号で答えなさい。

☑ ①（ア When　㋑ Where　ウ Why ）did you go this afternoon? — I went to the movie theater.

☑ ② How（ア many　イ much　㋒ old ）is your father? — He is forty years old.

＞日本文に合うように，（　　）に適する語を入れなさい。

☑ ③ 彼女はなぜ泣いているのですか。　(Why) is she crying?

☑ ④ このＴシャツはいくらですか。
(How) (much) is this T-shirt?

☑ ⑤ 日本にどれくらい滞在する予定ですか。
(How) (long) are you going to stay in Japan?

意味
① あなたは今日の午後どこへ行きましたか。—映画館へ行きました。
② あなたのお父さんは何歳ですか。— 40 歳です。

22 【助動詞】 助動詞（1）

1年 2年 3年

canのあとの動詞は原形

She can sing very well.

彼女はとてもじょうずに歌うことができます。

◎「～できる」は，〈can＋動詞の原形〉で表す。

◎否定文は，cannotか短縮形のcan'tを動詞の原形の前におく。疑問文はCanで文を始め，canを使って答える。

例 I can play the guitar.　私はギターがひけます。

例 Bob can't / cannot read Japanese.

ボブは日本語が読めません。

例 Can Judy come to the party? — Yes, she can.

ジュディーはパーティーに来ることができますか。— はい，できます。

「許可」や「依頼」を表すcan

Can I use this computer? — Sure.

このコンピューターを使ってもいいですか。— いいですよ。

◎Can I ～? は「～してもいいですか」と相手に許可を求める言い方になり，Can you ～? は「～してくれますか」と相手に頼む言い方になる。

例 Can I borrow your dictionary? — Yes, of course.

あなたの辞書を借りてもいいですか。— ええ，もちろん。

例 Can you open the door? — All right.

ドアを開けてくれますか。— わかりました。

入試ナビ　助動詞のあとの動詞は主語に関係なく原形にする。
助動詞の会話表現は入試で必出！

★★★★★

may は「許可」を表す

May I come in? — Sure.

入ってもよろしいですか。 — いいですよ。

◎May I ~? は「**～してもよろしいですか**」と，相手にていねいに許可を求める言い方になる。

◎may は「**～してもよい**」という意味を表す。

例 May I use your computer? — Sure.　Go ahead.

あなたのコンピューターを使ってもいいですか。— もちろん。さあ，どうぞ。

注意 断るときは，**Sorry, I'm using it.**（残念ですが，使っています。）などと言う。

例 You may go home.　あなたは家に帰ってもよろしい。

助動詞

入試に出る 実戦問題 > (　　)内から適する語句を選び，記号で答えなさい。

① Jack can (ア run　イ runs　ウ ran) fast.　㋐

② (ア Can you　イ Will he　ウ Can I) use your pen?　㋒
— Sure.　Go ahead.

> 日本文に合うように，(　　)に適する語を入れなさい。

③ 手伝ってくれる？　(Can) (you) help me?

④ ここにすわってもいいですか。　(Can / May) (I) sit here?

⑤ 窓を開けてもよろしいですか。
(May / Can) (I) open the window?

意味
① ジャックは速く走ることができます。
② あなたのペンを使ってもいいですか。— もちろん。さあ，どうぞ。

助動詞 (2)

must のあとの動詞は原形

You must do your homework.

あなたは宿題をしなければなりません。

◎「～しなければならない」は，〈must＋動詞の原形〉で表す。

◎否定文の must not は「～してはいけない」という意味で，禁止を表す。短縮形の mustn't もよく使われる。

◎must には「～にちがいない」という意味もある。

例 I must read this book.　私はこの本を読まなければなりません。

例 You must not eat the cake.

そのケーキを食べてはいけません。

例 He must be hungry.　彼は空腹にちがいありません。

have to のあとの動詞は原形

You have to get up at six tomorrow.

あなたは明日，6時に起きなければなりません。

◎「～しなければならない」は，have to でも表せる。

◎主語が3人称単数で現在の文なら has to を，過去の文なら had to を使う。to のあとに動詞の原形をおく。

例 She has to take care of her little brother today.

彼女は今日，弟の世話をしなければなりません。

例 We had to run to the station.

私たちは駅まで走らなければなりませんでした。

入試ナビ　must と have to は「～しなければならない」という意味を表す。
don't have to ～の意味と用法に注意！

★★★★★

don't have to は「～する必要はない」

You don't have to worry about it.

あなたはそれについて心配する必要はありません。

◎don't have to ～ は「～する必要はない」という意味で,
└ 主語が3人称単数なら doesn't, 過去の文なら didn't を使う。

must not ～(～してはいけない)との違いに注意。

例 He doesn't have to come to school today.
彼は今日，学校に来る必要はありません。

例 Must I help you? — No, you don't have to.
手伝わなければなりませんか。— いいえ，その必要はありません。

助動詞

入試に出る **実戦問題** ＞日本文に合うように，(　　)に適する語を入れなさい。

① あなたは英語でスピーチをしなければなりません。
You (must) make a speech in English.

② ケイトは毎日ピアノを練習しなければなりません。
Kate (has) to practice the piano every day.

③ この川で泳いではいけません。
You (mustn't) (swim) in this river.

④ 彼は病院へ行かなければなりませんか。
— いいえ，その必要はありません。
(Does) he (have) to go to the hospital?
— No, he (doesn't).

⑤ あなたは今日，食器を洗う必要はありません。
You (don't) (have) to wash the dishes today.

24 【助動詞】

1年 2年 3年

助動詞 (3)

Will you ~? は「依頼」を表す

Will you close the window? — Sure.

窓を閉めてくれますか。— いいですよ。

◎「～してくれますか」は，Will you ~? で表す。

◎ていねいに依頼するときは，Could you ~? や Would you ~? を使う。

例 Will you help me with my homework? — All right.

私の宿題を手伝ってくれますか。— いいですよ。

例 Could / Would you take our picture, please? — Sure.

私たちの写真を撮っていただけますか。— いいですよ。

申し出たり誘ったりするときの shall

Shall I open the door? — Yes, please.

ドアを開けましょうか。—はい，お願いします。

◎「(私が)～しましょうか」は Shall I ~? で表す。

◎Shall we ~? は「(いっしょに)～しましょうか」と相手を誘うときの言い方になる。

例 Shall I carry your bag? — No, thank you.

かばんを運びましょうか。— いいえ，結構です。

例 Shall we play tennis? — Yes, let's.

テニスをしましょうか。— ええ，そうしましょう。

入試ナビ　頼んだり誘ったりする表現は入試で必出！
応答のしかたをセットで覚えること。

★★★★★

would like は want のていねいな言い方

Would you like a cup of tea? — Yes, please.

お茶を１杯いかがですか。— はい，お願いします。

◎I'd like ～. は「(私は)～がほしい」という意味。
└ I'd は I would の短縮形。

◎Would you like ～? は「～がほしいですか」という意味で，相手にものをすすめるときの言い方になる。

◎should は「～したほうがいい」「～するべきだ」という意味。

例 I'd like some water.　水がほしいのですが。

例 You should practice hard.
あなたは一生けんめい練習するべきです。

入試に出る 実戦問題 ＞（　）内から適する語句を選び，記号で答えなさい。

- ① (㋐I'd　イ I'm　ウ You're) like a hamburger, please.
- ② (ア Will you　イ Could you　㋒Shall I) open the window? — Yes, please.

＞日本文に合うように，（　）に適する語を入れなさい。

- ③ ここで昼食を食べましょうか。—ええ，そうしましょう。
(Shall) (we) have lunch here? — Yes, let's.
- ④ 私はどこでバスを降りるべきですか。
Where (should) I get off the bus?

意味
① ハンバーガーを１つほしいのですが。
② 窓を開けましょうか。— はい，お願いします。

助動詞

25

【不定詞・動名詞】

1年 2年 3年

不定詞（I）

〈to ＋動詞の原形〉は「～するために」という意味

I went to the station to meet/see my uncle.

私はおじを出迎えるために駅へ行きました。

◎toのあとに**動詞の原形**（不定詞）を続けると，「**～するために**」という意味で動作の**目的**を表す。

例 He gets up early to run in the park.

彼は公園で走るために早く起きます。

注意 3単現の文でも過去の文でも，**to** のあとの動詞はいつも原形を使う。

◎Why ～? に目的を答えるときも，〈to ＋動詞の原形〉を使う。

例 Why were you there?　あなたはなぜそこにいたのですか。

— To play tennis.　テニスをするためです。

be glad to ～など

I'm glad to see you.

あなたに会えてうれしいです。

◎〈to ＋動詞の原形〉は，「**～して（うれしい）**」などの意味で，感情の**原因**を表す。

◎感情（気持ち）を表す**形容詞**といっしょに使われる。

「～してうれしい」 → be glad / happy to ～

「～して悲しい」 → be sad to ～

「～して残念だ」 → be sorry to ～

「～して驚く」 → be surprised to ～

入試ナビ　〈to ＋動詞の原形〉(不定詞)は，入試の出題率が最も高い！意味と使い方を確実に押さえておこう。

★★★★★

〈to ＋動詞の原形〉は「～するための」「～すべき」という意味

I had a lot of things to do yesterday.

私は昨日，するべきことがたくさんありました。

◎「～するための」という意味で前の名詞を後ろから修飾するときも，〈to ＋動詞の原形〉を使う。

◎something や anything などを修飾することもある。

例 I want something hot to drink.

私は何か温かい飲み物がほしいです。

注意 形容詞の hot は something と to drink の間に入れる。

例 I don't have anything to do. = I have nothing to do.

私には何もすることがありません。

入試に出る 実戦問題 > (　　)内から適する語句を選び，記号で答えなさい。

① He goes to the park (ア runs　イ ran　ウ to run).

② I'm sorry (ア with　イ to　ウ in) hear the news.

③ They needed (ア eat to something　イ something to eat　ウ something eat to).

> 日本文に合うように，(　　)に適する語を入れなさい。

④ 私は写真を撮りにそこへ行きました。
I went there (to) (take) pictures.

⑤ もう寝る時間です。　It's (time) (to) (go) to bed now.

意味 ① 彼は走るために公園へ行きます。　② 私はその知らせを聞いて残念に思います。　③ 彼らは何か食べるものを必要としていました。

不定詞・動名詞

26 【不定詞・動名詞】不定詞 (2)・動名詞

1年 2年 3年

☑ 〈to +動詞の原形〉は「～すること」という意味

I like to play soccer.

私はサッカーをすることが好きです。

◎〈to +動詞の原形〉は，動詞の目的語の働きをして「～すること」という意味も表す。

「～するのが好きだ」 → like to ～

「～したい」 → want to ～

「～し始める」 → begin / start to ～

例 I want to be / become a dancer.　私はダンサーになりたい。

例 It began / started to rain.　雨が降り始めました。

◎〈to +動詞の原形〉は，be 動詞のあとにくることもある。

例 My job is to teach math.　私の仕事は数学を教えることです。

☑ 「～すること」という意味を表す～ing

I started learning piano when I was ten.
= I started to learn piano when I was ten.

私は 10 歳のときにピアノを習い始めました。

◎「～すること」は，動詞の ing 形(動名詞)でも表せる。

◎動名詞は文の主語や be 動詞，前置詞のあとでも使う。

例 Reading books is interesting.　本を読むのはおもしろい。

例 My hobby is taking photos.　私の趣味は写真を撮ることです。

例 How about playing tennis?　テニスをするのはどうですか。

入試ナビ　好きなことやなりたい職業を書かせる英作文の問題で問われることも多いので，練習しておこう。

★★★★★

〈to＋動詞の原形〉と動名詞の使い分けに注意

I want to visit America.　私はアメリカを訪れたい。
Did you finish writing the letter?
あなたは手紙を書き終わりましたか。

◎目的語に〈to＋動詞の原形〉しかとらない動詞

「～したい」　→　want to ～
「～することを望む」　→　hope to ～

◎目的語に動名詞しかとらない動詞

「～して楽しむ」　→　enjoy ～ing
「～し終える」　→　finish ～ing
「～するのをやめる」　→　stop ～ing

不定詞・動名詞

入試に出る **実戦問題** ＞（　　）内から適する語句を選び，記号で答えなさい。

① I like (ア watch　イ watched　ウ to watch) movies.　（ウ）
② Did Sandra finish (ア did　イ doing　ウ to do) her homework?　（イ）
③ My hobby is (ア made　イ making　ウ make) dolls.　（イ）

＞日本文に合うように，（　　）に適する語を入れなさい。

④ 私は医師になりたい。
I want (to) (be / become) a doctor.
⑤ おしゃべりをやめなさい。　Stop (talking).

意味　① 私は映画を見るのが好きです。　② サンドラは宿題を終えましたか。
③ 私の趣味は人形を作ることです。

27 【不定詞・動名詞】 不定詞 (3)

1年 2年 3年

疑問詞のあとに〈to +動詞の原形〉が続く形に注意

Please tell me how to use this camera.

このカメラの使い方を私に教えてください。

◎「～のしかた」というときは，疑問詞 how のあとに〈to +動詞の原形〉を続ける。

「何を～したらよいか」 → what to ～

「いつ～したらよいか」 → when to ～

「どこで～したらよいか」 → where to ～

例 I didn't know what to buy.

私は何を買えばよいかわかりませんでした。

例 I asked when to leave.

私はいつ出発したらよいかたずねました。

「～することは…だ」は it を主語にする

It is difficult to answer this question.

この質問に答えることは難しい。

◎「～することは…だ」は，It is … to ～. で表す。to のあとは**動詞の原形**が続く。

└「それは」の意味はない。

◎to ～の動作をする人を表すときは，〈for +人〉を使う。

例 It's easy for me to read the book.

私にとってその本を読むことは簡単です。

注意 for のあとに続く語が代名詞のときは，目的格の形を使う。

入試ナビ　〈疑問詞＋to ～〉やIt is … to ～.の形は，並べかえの問題や英作文の問題でよく出されるので注意。

★★★★★

「(人)に～してほしい」は〈want＋人＋to ～〉の形

I want you to sing this song.

私はあなたにこの歌を歌ってほしいです。

「(人)に～してほしい」　→　want 人 to ～

「(人)に～するように頼む」　→　ask 人 to ～

「(人)に～するように言う」　→　tell 人 to ～

too … to ～は同意表現に注意

Tom is too tired to walk.

＝Tom is so tired that he can't walk.

トムは疲れすぎて歩けません。

◎「…すぎて～できない」は，too … to ～で表す。

◎同じ内容をso … that ― can't ～で書きかえられる。

入試に出る　実戦問題　> 日本文に合うように，(　　)の語句を並べかえなさい。

①母は私に部屋をそうじするように言いました。
(clean / me / my mother / to / my room / told).

②切符をどこで買えばよいか私に教えてくれますか。
(tell / to / can / me / buy / you / where / tickets)?

③私たちにとって英語を学ぶことは大切です。
(learn / is / important / us / to / English / it / for).

解答　① My mother told me to clean my room(.)　② Can you tell me where to buy tickets(?)　③ It is important for us to learn English(.)

不定詞・動名詞

28 【前置詞・接続詞】 前置詞（1）

1年 2年 3年

☑ at，in，on の使い分けに注意

We met at the station in the morning on May 10.

私たちは５月１０日に午前中に駅で会いました。

◎at，in，on は時を示すときに使われる。

- 時刻・時の一点など → [at] ten　１０時に
- 月・季節・年など → [in] July　７月に
- 曜日・日付など → [on] Friday　金曜日に

[at] seven	７時に	[in] ten minutes	１０分後に
[in] 2023	2023年に	[on] June 1	６月１日に
[on] Friday	金曜日に	[in] the afternoon	午後に
[at] night	夜に	[in] summer	夏に

注意 「金曜日の朝に」は **on Friday morning**。**in** ではなく **on** を使う。

◎at，in，on は場所を示すときにも使われる。

[in] the box	箱の中に	[on] the wall	壁に
[on] the desk	机の上に	[in] the world	世界で
[at] the door	ドアのところに		
[on] your right	あなたの右側に		
stay [at] a hotel	ホテルに滞在する		

注意 **on** は，表面にくっついていることを表すときに使う。ふつう「～の上に」という意味だが，「上」だけでなく，側面や下の面に接しているときにも **on** を使う。

入試ナビ at, in, on を使い分けられるようにしておこう。
時を表す前置詞を覚えておこう。

時を表す前置詞の during や since の使い方に注意

I usually get up before six.

私はたいてい 6 時前に起きます。

◎よく出る「時」を表す前置詞を確認しよう。

[after] dinner 夕食後に　[during] summer 夏の間（じゅう）

[for] ten days 10 日間　[since] yesterday 昨日以来

[by] five 5 時までに　[until] five 5 時まで（ずっと）

[from] Monday [to] Friday 月曜日から金曜日まで

注意 **from Osaka to Tokyo**（大阪から東京まで）のように場所にも使う。

入試に出る 実戦問題 ＞（　）内から適する語を選び，記号で答えなさい。

① We had a party (ア at　イ in　ウ on) March 3.　〔ウ〕

② My sister was born (ア at　イ in　ウ on) Spain.　〔イ〕

③ He stayed (ア at　イ for　ウ on) a hotel yesterday.　〔ア〕

④ I studied math (ア by　イ for　ウ to) three hours.　〔イ〕

＞日本文に合うように，（　）に適する語を入れなさい。

⑤ 10 時までには戻ってきます。 I'll be back (by) ten.

⑥ 母は先月まで千葉にいました。
My mother was in Chiba (until) last month.
（till でもよい）

意味 ① 私たちは3月3日にパーティーを開きました。 ② 私の姉[妹]はスペインで生まれました。 ③ 彼は昨日，ホテルに滞在しました。 ④ 私は3時間数学を勉強しました。

29 【前置詞・接続詞】前置詞 (2)

1年 2年 3年

場所を表す前置詞

There was a cat under the bench by the tree.

木のそばのベンチの下にねこがいました。

◎「場所」を表す前置詞には次のようなものもある。

- [near] the park　公園の近くに
- [in] [front] [of] the house　家の前に
- [among] the trees　木々の間に
- [between] you [and] me　あなたと私の間に

注意 between は「2つ」, among は「3つ以上」の「～の間に」。

- [along] the river　川に沿って
- [through] the park　公園を通り抜けて
- [into] the room　部屋の中へ
- a train [for] Tokyo　東京行きの電車

手段や道具などを表す前置詞

I come to school by bike every day.

私は毎日学校へ自転車で来ます。

◎手段・道具を表す前置詞には，by，in，with がある。

- [by] bus　バスで
- [in] English　英語で
- [with] a pen　ペンで

注意 by に続く乗り物の名前の前には，a, an, the はつけない。

適する前置詞を選ばせる問題も出る。
意味と使い方を押さえておこう。

そのほかの前置詞

He answered with a smile.

彼はほほえんで答えました。

◎ with は「～と」「～を持って」などの意味でも使う。

- go [with] her　彼女と行く
- a dog [with] long ears　長い耳の犬

◎ 次のような前置詞にも注意しよう。

- [without] water　水なしで
- work [as] a teacher　教師として働く
- talk [about] music　音楽について話す
- a bag [like] a box　箱のようなかばん

入試に出る **実戦問題** ＞ (　　) 内から適する語を選び，記号で答えなさい。

① Did you go there (ア on　イ by　ウ at) train?
② We talked (ア in　イ near　ウ into) English.
③ I'm jogging (ア from　イ as　ウ along) the street.
④ There is a big house (ア among　イ between　ウ for) the bank and the bookstore.
⑤ I want a shirt (ア as　イ like　ウ with) hers.

意味　① あなたはそこへ電車で行きましたか。　② 私たちは英語で話しました。　③ 私は通りに沿ってジョギングをしています。　④ 銀行と書店の間に大きな家が1軒あります。　⑤ 私は彼女のもののようなシャツがほしいです。

30 【前置詞・接続詞】 接続詞（1）

1年 2年 3年

☑ 接続詞は語句と語句，文と文を結ぶ働き

I like math and science, but my brother doesn't.

私は数学と理科が好きですが，弟は好きではありません。

◎「A と B」「A そして B」は，and を使う。

◎「A だが B」「A しかし B」は，but を使う。

◎「A または B」は or，「A だから B」は so を使う。

例 Do you want milk or juice?

あなたは牛乳がほしいですか，それともジュースがほしいですか。

例 I was very tired, so I went to bed early.

私はとても疲れていたので，早く寝ました。

☑ 接続詞の that は省略に注意

I think that he is kind.

私は彼は親切だと思います。

◎接続詞 that はあとに〈主語＋動詞～〉が続いて，「～ということ」という意味を表す。

「私は～だと思う」 → I think that ～.

「私は～ということを知っている」 → I know that ～.

「私は～だといいなと思う」 → I hope that ～.

◎接続詞の that はよく省略される。

例 I hear Tom likes Japan.　トムは日本が好きだと聞いています。

注意 上の例文では，hear のあとに that が省略されている。

入試ナビ 接続詞は，that と when の使い方に注意。
接続詞の that は省略されることが多い。

when は「～のとき」の意味で接続詞の働きもする

My sister was watching TV when I came home.

私が帰宅したとき，姉[妹]はテレビを見ていました。

◎「～のとき」の意味で文と文を結ぶときは when を使う。

◎ when ～の部分を先に言うこともできる。

例 I lived in Gifu when I was ten.
= When I was ten, I lived in Gifu.
└ コンマをつける

私は 10 歳のとき，岐阜に住んでいました。

◎ when に続く文では未来のことでも**現在形**で表す。

例 I'll call you when I arrive at the station.

駅についたら電話します。

注意 ×～ when I *will* arrive at the station. などとしないこと。

入試に出る **実戦問題** > (　　)内から適する語を選び，記号で答えなさい。

① I hope (ア this　イ when　ウ that) you win the game.

② Ann plays tennis, (ア but　イ or　ウ that) I don't.

> 日本文に合うように，(　　)に適する語を入れなさい。

③ 私はひまなときは音楽を聞きます。
(When) I'm free, I listen to music.

④ 私はあなたが正しいと知っています。
I (know) (you) are right.

意味
① 私はあなたが試合に勝つといいなと思います。
② アンはテニスをしますが，私はしません。

前置詞・接続詞

【前置詞・接続詞】　1年　2年　3年

31 接続詞 (2)

「もし～ならば」と条件を表すときは if

Please come to the party if you have time.

もし時間があるなら，パーティーに来てください。

◎「もし～ならば」という意味で文と文を結ぶときは if を使う。

◎if ～の部分を先に言うこともできる。

例 I'll stay home if it's rainy tomorrow.

= If it's rainy tomorrow, I'll stay home.
（└ コンマをつける。）

もし明日雨なら，私は家にいます。

注意 if ～に続く文では，未来のことでも動詞は現在形を使う。

「(なぜなら)～だから」と理由を表すときは because

Ken is tired because he went swimming.

健は泳ぎに行ったので，疲れています。

◎「(なぜなら)～だから」「～なので」という意味で文と文を結ぶときは because を使う。

◎because は，Why ～?(なぜ)の疑問文に理由を答えるときにも使われる。

例 Why did you buy this shirt?

— Because I liked the color.

なぜこのシャツを買ったのですか。

— 色が気に入ったからです。

if，because などの接続詞は，適する語を選ぶ問題でよく出される。英作文でも出されるので注意。

★★★★

その他の接続詞にも注意

Wash your hands before you eat lunch.

昼食を食べる前に手を洗いなさい。

◎「～する前に」 → [before]　「～したあとに」 → [after]
「～する間に」 → [while]　「～して以来」 → [since]

例 I studied art while I was in Italy.
私はイタリアにいる間に，美術を勉強しました。

例 I have dinner after I take a bath.
私はお風呂に入ったあとで夕食を食べます。

例 I have known Sally since she was little.
私はサリーが小さいころから彼女を知っています。

前置詞・接続詞

入試に出る 実戦問題 ＞（　）内から適する語を選び，記号で答えなさい。

① (㋐ If　イ From　ウ So) you're free, please help me.

② I'm studying hard (ア if　イ when　㋒ because) I have a test tomorrow.

③ Can I watch TV (㋐ after　イ but　ウ that) I finish my homework?

④ Why did you visit Kumamoto?
— (ア If　イ While　㋒ Because) my aunt lives there.

意味　① もしひまなら，私を手伝ってください。　② 私は明日テストがあるので一生けんめい勉強をしています。　③ 宿題を終えたらテレビを見てもいいですか。　④ なぜあなたは熊本を訪れたのですか。―おばがそこに住んでいるからです。

32 【比較】

比較の文 (1)

1年 2年 3年

「…よりも〜」は比較級を使う

I am taller than Kevin.

私はケビンよりも背が高い。

◎２つを比べて，「**…よりも〜**」というときは，形容詞・副詞の語尾に er をつけた形(**比較級**)を使う。(→ p.76 参照)

注意 変化しないもとの形のことは原級という。

◎比較級のあとは，than に続けて比べる人[物]をおく。

例 I can swim faster than Ann.　私はアンよりも速く泳げます。

「…の中でいちばん〜」は最上級を使う

Kevin is the tallest of the five.

ケビンは５人の中でいちばん背が高い。

◎３つ以上を比べて，「**…の中でいちばん〜**」は，形容詞・副詞の語尾に est をつけた形(**最上級**)を使う。(→ p.76 参照)

◎最上級の前にはふつう the をつける。副詞の最上級には the をつけないこともある。

例 I can swim the fastest in my class.

私はクラスの中でいちばん速く泳げます。

◎「**…の中で**」というとき，**複数**を表す語句なら of，**場所や範囲**を表す語句なら in を使う。

すべての中で → [of] all　　３つの中で → [of] the three

日本の中で → [in] Japan　　家族の中で → [in] my family

形容詞・副詞を適する形に変える問題では，比較級か最上級のどちらかを考えよう。

★★★★★

「…と同じくらい～」は as ～ as …

I am as tall as Nancy.

私はナンシーと同じくらいの身長です。

◎「…と同じくらい～」というときは，as ～ as …を使う。

例 I can swim as fast as Kevin.

私はケビンと同じくらい速く泳げます。

注意 as と as の間に入る形容詞・副詞は原級を使う。

◎not as ～ as …は「…ほど～ではない」という意味になる。

例 My car is not as big as yours.

私の車はあなたのほど大きくはありません。

比較

入試に出る 実戦問題

> (　　)内から適する語を選び，記号で答えなさい。

① I think math is as easy (ア so イ as ウ than) science.

② This bridge is longer (ア in イ than ウ as) that one.

③ John practices the hardest (ア of イ in ウ on) all.

> 日本文に合うように，(　　)に適する語を入れなさい。

④ このタワーは日本でいちばん高い。
This tower is the (tallest / highest) (in) Japan.

⑤ オーストラリアは日本よりも大きい。
Australia is (larger / bigger) (than) Japan.

意味 ① 私は，数学は理科と同じくらい簡単だと思います。 ② この橋はあの橋よりも長い。 ③ ジョンはみんなの中でいちばん一生けんめいに練習します。

33 【比較】

比較の文 (2)

1年 2年 3年

疑問詞で始まる比較の疑問文に注意

Which is higher, Mt. Fuji or Mt. Aso? — Mt. Fuji is.

富士山と阿蘇山とではどちらが高いですか。— 富士山です。

◎「A と B とではどちらのほうがより～か」とたずねるときは，Which か Who で始めて，最後に A or B? をつける。

例 Who is younger, Paul or Kevin?

ポールとケビンとではどちらが年下ですか。

注意 人についてたずねるときはふつう who を使う。

◎「どれがいちばん～か」とたずねるときは，Which，What か Who で始める。

例 Which car is the newest?　どの車がいちばん新しいですか。

注意 which は限られたものの中で「どれ，どちら」とたずねるときに，what は選択の範囲が限定されていない場合に「何」とたずねるときに使う。

「～のほうが好き」は like ～ better

Paul likes math better than science.

ポールは理科よりも数学のほうが好きです。

◎「B よりも A のほうが好きだ」というときは，like A better than B で表す。

例 Which do you like better, red or blue?

— I like red better.

赤と青とではどちらのほうが好きですか。— 赤のほうが好きです。

入試ナビ　like ～ better，like ～ the best は，自分の好きなスポーツや季節を答える英作文の問題でよく出される。

「～がいちばん好き」は like ～ the best

I like summer the best of the four seasons.

私は四季の中で夏がいちばん好きです。

◎「…の中で A がいちばん好きだ」というときは，like A the best of[in] …で表す。

例 Jim likes cats the best of all animals.

ジムはすべての動物の中でねこがいちばん好きです。

例 What subject do you like the best?

— I like English the best.

何の教科がいちばん好きですか。— 英語がいちばん好きです。

注意 the best の the はつけないこともある。

比較

入試に出る 実戦問題 ＞日本文に合うように，(　　)の語句を並べかえなさい。

① このピアノとあのピアノとではどちらのほうが古いですか。
(older / is / which), this piano or that one?

② 世界でいちばん長いのはどの川ですか。
(the / which river / is / longest) in the world?

＞日本文を英語に直しなさい。

③ 私は春がいちばん好きです。

④ 私はサッカーよりもテニスのほうが好きです。

解答 ① Which is older(, this piano or that one?)　② Which river is the longest (in the world?)　③ I like spring (the) best.　④ I like tennis better than soccer.

34 【比較】

注意すべき比較変化

比較級は，語尾が er

This book is older than mine.

この本は私のよりも古い。

ふつう	→ er	tall	→ [taller]
語尾が e	→ r	large	→ [larger]
〈子音字＋y〉	→ y を i に変えて er	easy	→ [easier]
〈短母音＋子音字〉	→ 子音字を重ねて er	hot	→ [hotter]

最上級は，語尾が est

This book is the oldest in the library.

この本は図書館の中でいちばん古い。

ふつう	→ est	new	→ [newest]
語尾が e	→ st	nice	→ [nicest]
〈子音字＋y〉	→ y を i に変えて est	busy	→ [busiest]
〈短母音＋子音字〉	→ 子音字を重ねて est	big	→ [biggest]

不規則に変化するものに注意

I play tennis better than Nancy.

私はナンシーよりもじょうずにテニスをします。

good（よい），well（じょうずに） → [better] — [best]
many（多数の），much（多量の） → [more] — [most]

入試ナビ　比較変化を問う問題では，不規則に変化するものがねらわれやすい。しっかり覚えておこう。

★★★★★

前に more，most をつけるものもある

This flower is the most beautiful in the garden.

この花は庭園の中でいちばん美しい。

◎比較的つづりの長い語の場合，**比較級**は前に more，**最上級**は前に most をつける。

◎more，most をつける語は，次のものを覚えておこう。

[famous]	有名な	[difficult]	難しい
[interesting]	おもしろい	[useful]	役に立つ
[important]	重要な	[popular]	人気のある
[careful]	注意深い	[exciting]	わくわくする

比較

入試に出る 実戦問題

＞日本文に合うように，(　　)に適する語を入れなさい。

①この問題はあの問題よりも簡単です。
This question is (easier) than that one.

②日本では８月がいちばん暑い月です。
In Japan, August is the (hottest) month.

③私は姉よりもたくさんＴシャツを持っています。
I have (more) T-shirts than my sister.

④彼女は私のいちばんの友達です。
She is my (best) friend.

⑤この映画はあの映画よりもおもしろいです。
This movie is (more)(interesting) than that one.

35 【受け身】受け身の文（1）

1年 2年 3年

「～される」は be 動詞のあとに過去分詞

We are invited to the party every year.

私たちは毎年そのパーティーに招待されています。

◎「～される」「～されている」と受け身の意味を表すときは，be 動詞のあとに**過去分詞**を続ける。

◎過去分詞は，規則動詞なら過去形と同じ形で語尾に ed がつく。不規則動詞は 1 語 1 語覚える。（→ p.82 参照）

例 English is used in many countries.

英語は多くの国で使われています。

例 Our classroom is cleaned every day.

私たちの教室は毎日そうじされています。

注意 be 動詞は主語によって，am，is，are を使い分ける。

過去なら was か were を使う

Many people were killed in the war.

その戦争では多くの人が殺されました。

◎「～された」「～されていた」と過去のことをいうときは，be 動詞を過去形の was，were にする。

例 This picture was painted in 1900.

この絵は 1900 年に描かれました。

注意 主語が I や 3 人称単数なら was，you や複数なら were を使う。

適する動詞の形を選ぶ問題に注意。進行形の文と混同しないこと。意味を考えて判断することがポイント。

★★★★★

いろいろな受け身の文

This song is loved by many people.

この歌は多くの人によって愛されています。

◎「～によって」と行為をする人を表すときは，by を使う。

例 This computer was used by her yesterday.

このコンピューターは昨日，彼女に使われました。

◎ by 以外の前置詞を使う表現にも注意。

「～でできている」 → be made of / from ～

「～でおおわれている」 → be covered with ～

◎助動詞がつく場合は，〈**助動詞+ be +過去分詞**〉の形。

例 Pandas can be seen here.　パンダはここで見られます。

入試に出る 実戦問題

> (　　)内から適する語を選び，記号で答えなさい。

① This smartphone is (ア use　イ using　ウ used) by Sam.

② The shop (ア is　イ was　ウ were) closed yesterday.

③ This cup is made (ア by　イ in　ウ of) paper.

> 日本文に合うように，(　　)に適する語を入れなさい。

④ 奈良には毎年多くの人が訪れます。
Nara (is) (visited) by many people every year.

⑤ これらの箱は彼によって運ばれました。
These boxes (were) (carried) by him.

意味 ① このスマートフォンはサムによって使われています。　② その店は昨日，閉まっていました。　③ このカップは紙でできています。

36 【受け身】受け身の文 (2)

1年 2年 3年

否定文は，be 動詞のあとに not

This room is not used now.

この部屋は現在使われていません。

◎**否定文**…be 動詞のあとに not を入れる。

過去の否定文は，was，were のあとに not。

例 We were not invited to the party.

私たちはそのパーティーに招待されませんでした。

疑問文は be 動詞で始める

Is basketball played around the world?

バスケットボールは世界中でプレーされていますか。

◎**疑問文**…be 動詞で文を始める。

過去の疑問文は，Was, Were で始める。

例 Was this car washed yesterday?

この車は昨日，洗われましたか。

注意 疑問文・否定文でも，動詞は原形ではなく過去分詞を使う。

◎**答え方**…be 動詞を使って答える。

例 Were these computers made in Japan?

これらのコンピューターは日本で作られたのですか。

—Yes, they were. / No, they weren't.　はい。／いいえ。

注意 受け身の疑問文では **do, does, did** は使わない。**be** 動詞を使う。

入試ナビ　否定文や疑問文の作り方を押さえておくこと。
ふつうの be 動詞の文と作り方は同じ。

疑問詞は文の最初

When was the library built?
— It was built three years ago.

図書館はいつ建てられましたか。— 3 年前に建てられました。

◎**疑問詞は文の最初**におき，あとに疑問文の形を続ける。

例 What language is spoken in your country?

あなたの国では何語が話されていますか。

— English is (spoken in my country).

(私の国で話されているのは)英語です。

受け身

入試に出る 実戦問題

> ( )内から適する語を選び，記号で答えなさい。

① Tickets (ア isn't イ aren't ウ don't) sold here.

② (ア Does イ Is ウ Was) he invited to the party?
— No, he wasn't.

③ Were the pictures (ア painting イ painted ウ paint) by him? — Yes, they (ア do イ are ウ were).

> 日本文に合うように，( )に適する語を入れなさい。

④ コンサートはどこで開かれましたか。
(Where) (was) the concert held?

⑤ これらの標識は私の国では使われていません。
These signs (aren't) (used) in my country.

意味　① 切符はここでは売られていません。 ② 彼はパーティーに招待されましたか。—いいえ。 ③ その絵は彼によって描かれたのですか。—はい。

37

【受け身】

1年 2年 3年

注意すべき不規則動詞の変化

☑ 過去形と形が異なる過去分詞に注意

English is spoken in many countries.

英語はたくさんの国で話されています。

◎過去形と過去分詞の形が異なる不規則動詞に注意しよう。

原形	過去形	過去分詞
break（こわす）	[broke]	[broken]
do（する）	[did]	[done]
eat（食べる）	[ate]	[eaten]
know（知っている）	[knew]	[known]
see（見える）	[saw]	[seen]
sing（歌う）	[sang]	[sung]
speak（話す）	[spoke]	[spoken]
take（取る）	[took]	[taken]
write（書く）	[wrote]	[written]
give（与える）	[gave]	[given]
go（行く）	[went]	[gone]

◎過去形と過去分詞が同じ形の不規則動詞もある。

原形	過去形	過去分詞
make（作る）	[made]	[made]
build（建てる）	[built]	[built]
hear（聞く）	[heard]	[heard]
find（見つける）	[found]	[found]

注意 過去分詞は，受け身，現在完了形，名詞を修飾する語句で使われる。

動詞の形を問う問題でよく出される。過去分詞では過去形と形が異なるものに要注意。

★★★★★

◎原形と過去分詞が同じ形や，原形・過去形・過去分詞の形が3つとも同じ形の不規則動詞もある。

原形	過去形	過去分詞
come（来る）	[came]	[come]
run（走る）	[ran]	[run]
cut（切る）	[cut]	[cut]
put（置く）	[put]	[put]
read（読む）	[read]	[read]

注意 **read** は形は同じだが，発音は異なる。過去形・過去分詞は［red レッド］と発音する。

入試に出る **実戦問題** ＞［　］の動詞を適する形にして，（　）に入れなさい。

- ① His name is (known) all over the world. [know]
- ② This book is (read) by many people. [read]
- ③ Was this statue (found) in Japan? [find]
- ④ These letters are (written) in English. [write]
- ⑤ This window was (broken) by someone. [break]
- ⑥ My school was (built) in 2000. [build]
- ⑦ French is also (spoken) in Canada. [speak]
- ⑧ This picture was (taken) in Hawaii. [take]

意味 ① 彼の名前は世界中で知られています。 ② この本はたくさんの人に読まれています。 ③ この像は日本で発見されたのですか。 ④ これらの手紙は英語で書かれています。 ⑤ この窓はだれかに割られました。 ⑥ 私の学校は2000年に建てられました。 ⑦ フランス語はカナダでも話されています。 ⑧ この写真はハワイで撮られました。

38 【現在完了形】現在完了形(1)

1年 2年 3年

現在完了形は have のあとに過去分詞を続ける

I have lived here for ten years.

私はここに 10 年間ずっと住んでいます。

◎現在完了形は，〈have ＋過去分詞〉の形で表す。主語が 3 人称単数のときは，have ではなく has を使う。

◎「ずっと～している」という意味で，過去から現在まである状態が継続していることを表す。

◎継続を表す文では，for(～の間)や since(～以来)がよく使われる。

例 Paul has stayed in Japan for three months.

ポールは日本に 3 か月間滞在しています。

例 I have been busy since yesterday.

私は昨日からずっと忙しい。

注意 be 動詞の過去分詞は been。また，期間の長さには for，始まった時期には since を使う。

否定文は have[has]のあとに not

I haven't seen her for a long time.

私は長い間彼女に会っていません。

◎否定文…have[has]のあとに not を入れる。

◎短縮形…have not は haven't，has not は hasn't。

例 Nancy hasn't eaten anything since this morning.

ナンシーは今朝から何も食べていません。

動詞の形を問う問題や適語補充の問題でもよく出る。
「継続」の文では for と since の使い分けにも注意。

★★★★★

疑問文は Have[Has] で始める

Have you wanted this for a year? — Yes, I have.

あなたは1年間これをほしいと思っているのですか。— はい。

◎**疑問文**…Have で文を始める。主語が3人称単数なら Has。

◎**答え方**…Yes, ~ have[has]./No, ~ haven't[hasn't].

例 Has he lived here since last year? — No, he hasn't.

彼はここに昨年から住んでいるのですか。— いいえ，住んでいません。

◎**継続の期間**をたずねるときは，How long ~? を使う。

例 How long have you known Emma? — For three years.

あなたはどのくらいの間エマを知っていますか。— 3年間です。

入試に出る **実戦問題** ＞（　　）内から適する語句を選び，記号で答えなさい。

現在完了形

① I (ア am　イ be　ウ have been) in Nara for a week.

② She (ア didn't have　イ wasn't　ウ hasn't) been here since last night.

③ I have had this bag (ア for　イ since　ウ in) 2020.

＞日本文に合うように，（　　）に適する語を入れなさい。

④ 私は長い間この歌が大好きです。
I (have) (loved) this song for a long time.

⑤ 彼は5年間北海道に住んでいるのですか。
(Has) he (lived) in Hokkaido for five years?

意味 ① 私は奈良に1週間ずっといます。 ② 彼女は昨夜からここにはいません。
③ 私はこのかばんを2020年からずっと持っています。

39 現在完了形 (2)

☑ 現在完了形は「～したことがある」という意味も表す

I have visited Canada once.

私はカナダを一度訪れたことがあります。

◎〈have[has]＋過去分詞〉は経験を表し，「(今までに)～したことがある」という意味も表す。

◎経験を表す文では，次のような語句がよく使われる。

以前に → before　　1回，かつて → once

2回 → twice　　3回 → three times

注意 3回以上は times を使う。この time は「～回，～度」の意味。

◎「～へ行ったことがある」は，have been to ～を使う。

例 Mike has been to Osaka many times.

マイクは何度も大阪へ行ったことがあります。

☑ 否定文では never をよく使う

Paul has never seen the movie.

ポールはその映画を一度も見たことがありません。

◎否定文…「(今までに)一度も～したことがない」は，not ではなく never をよく使う。

注意 never は have[has] と過去分詞の間に入れる。

例 I have never climbed Mt. Fuji.

私は一度も富士山に登ったことがありません。

「経験」を表す現在完了形は，並べかえの問題や適する応答を選ぶ問題などでよく出される。

★★★★★

疑問文では ever をよく使う

Have you ever seen a panda? — No, I haven't.

あなたは今までにパンダを見たことがありますか。— いいえ。

◎疑問文…「あなたは(今までに)～したことがありますか」は，Have you ever ～? をよく使う。

◎答え方…Yes, ～ have[has]. / No, ～ haven't[hasn't].

例 Has Emma ever played soccer? — Yes, she has.

エマは今までにサッカーをしたことがありますか。— はい，あります。

◎回数をたずねるときは，How many times ～? を使う。

例 How many times have you visited Paris?

— Three times.

あなたは何回パリを訪れたことがありますか。— 3 回です。

現在完了形

入試に出る 実戦問題

> 日本文に合うように，(　　)の語句を並べかえなさい。

① 私は以前にその本を読んだことがあります。
(the book / read / before / have / I).

② あなたは北海道へ行ったことがありますか。
(ever / been / have / you / to) Hokkaido?

> 日本文を英語に直しなさい。

③ 私はその歌を一度も聞いたことがありません。

④ 彼は今までにすしを試したことがありますか。

解答 ① I have read the book before(.) ② Have you ever been to (Hokkaido?)
③ I have[I've] never heard[listened to] the song. ④ Has he ever tried sushi?

40 現在完了形 (3)

現在完了形は「～したところだ」という意味も表す

I have just finished lunch.

私はちょうど昼食を終えたところです。

◎〈have[has]＋過去分詞〉は「～したところだ」という意味で，過去に始まった状態・動作が**完了**したことも表す。

◎完了を表す文では，次のような語がよく使われる。

ちょうど → just　　すでに，もう → already

例 Kevin has just washed the dishes.

ケビンはちょうどお皿を洗ったところです。

例 They have already arrived at the station.

彼らはもう駅に到着しています。

注意 **just** や **already** はふつう，**have[has]** と過去分詞の間に入れる。

否定文では yet がよく使われる

Emma has not read the book yet.

エマはその本をまだ読んでいません。

◎**否定文**…have[has]のあとに not を入れる。「**まだ～していない**」というときは文の最後に yet をつける。

例 We haven't made dinner yet.

私たちはまだ夕食を作っていません。

入試ナビ　並べかえの問題では，just，already，yet の位置に注意。No, not yet. の答え方にも慣れておくこと。

★★★★★

☑ 疑問文でも yet がよく使われる

Have you written the card yet? — Yes, I have.

あなたはもうカードを書きましたか。—はい，書きました。

◎**疑問文**…Have[Has]で文を始める。「**もう～しましたか**」とたずねるときは文の最後に yet をつける。

注意 yet の意味に注意。疑問文では「もう」，否定文では「まだ」となる。

◎**答え方**…Yes, ～ have[has]./ No, ～ haven't[hasn't].

◎「いいえ，**まだです**」と答えるときは No, not yet. と言う。

例 Have you talked with Matt yet? — No, not yet.

あなたはもうマットと話しましたか。—いいえ，まだです。

入試に出る 実戦問題 ＞[　　]の動詞を適する形にして，(　　)に入れなさい。

☑ ① I've just (had) lunch. [have]

☑ ② He hasn't (done) his homework yet. [do]

☑ ③ Have they (left) home yet? [leave]

＞日本文に合うように，(　　)に適する語を入れなさい。

☑ ④ 試合はもう始まっています。
The game (has) (already) (started / begun).

☑ ⑤ もう部屋のそうじをしましたか。—いいえ，まだです。
(Have) you cleaned the room (yet)?
— No, (not) (yet).
└ No, I[we] haven't. や No, I've[we've] not. と答えることもある。

意味 ① 私はちょうど昼食を食べたところです。 ② 彼はまだ宿題をしていません。
③ 彼らはもう家を出ましたか。

現在完了形

41 【現在完了形】現在完了進行形

1年 2年 3年

現在完了進行形は have been のあとに動詞の ing 形

I have been studying math for three hours.

私は3時間ずっと数学を勉強しています。

◎現在完了進行形は〈have been ＋動詞の ing 形〉の形で表す。主語が3人称単数のときは，have ではなく has を使う。

◎「**ずっと〜している**」という意味で，過去から現在まである動作が**継続**していることを表す。

◎現在完了進行形では, run(走る), watch(見る), play(〈スポーツなどを〉する)などの**動作を表す動詞**を使う。

◎現在完了形の「継続」と同じように，現在完了進行形でも for (〜の間)や since(〜以来)がよく使われる。

例 They have been running for two hours.

彼らは2時間ずっと走っています。

例 It has been raining since last night.

昨夜からずっと雨が降っています。

注意 現在完了形の「継続」の文では，おもに **know**（知っている）や **want**（ほしがっている）などの状態を表す動詞を使う。**know** や **have**（持っている）などの進行形にしない動詞は，現在完了進行形では使えない。

× I've been *knowing* him for ten years.

○ I've known him for ten years.

私は10年間彼を知っています。

〈have[has] been ～ing〉の形をマスターしよう。
動詞の形を問う問題や並べかえの問題に注意。

★★★★★

否定文はhaveのあとにnot，疑問文はHaveで始める

Have you been reading the magazine for an hour?

あなたは1時間ずっとその雑誌を読んでいるのですか。

◎否定文…〈have[has] not been＋動詞のing形〉の形。

◎疑問文…〈Have[Has]＋主語＋been＋動詞のing形 ～?〉の形。

例 I haven't been feeling well since this morning.

私は今朝からずっと気分がよくありません。

例 How long have you been waiting here?

あなたはどれくらいここで待っているのですか。

入試に出る **実戦問題** ＞（　）内から適する語句を選び，記号で答えなさい。

① I've been (ア listen　イ listened　ウ listening) to music for an hour.　〔ウ〕

② Eric has (ア cook　イ been cooking　ウ been cooked) since 4 p.m.　〔イ〕

＞日本文に合うように，（　）に適する語を入れなさい。

③ 私たちは2時間ずっと修学旅行について話しています。
We have (been) (talking / speaking) about the school trip for two hours.

④ 彼女は今朝からずっとピアノを練習しているのですか。
(Has) she (been) (practicing) the piano since this morning?

意味
① 私は1時間ずっと音楽を聞いています。
② エリックは午後4時からずっと料理をしています。

現在完了形

42

【関係代名詞など】

1年 2年 3年

名詞を修飾する語句

名詞を後ろから修飾する形に注意

Look at that box on the table.

テーブルの上にあるあの箱を見て。

I have some work to do.

私にはするべきいくらかの仕事があります。

◎〈前置詞＋語句〉や〈to ＋動詞の原形〉のまとまり（形容詞の働き）は名詞を後ろから修飾する。

例 The book on the desk is mine.　机の上の 本は私のです。

名詞←後ろから修飾　　前から修飾→名詞

注意 日本語とは語順が異なるので注意。

「～している○○」というときは ing 形を使う

Do you know that girl wearing a red dress?

赤いドレスを着ているあの女の子を知っていますか。

◎「～している」という意味で名詞を修飾するときは，動詞の ing形を使う。

例 the boy reading a book　本を読んでいる 男の子

名詞←後ろから修飾　　前から修飾→名詞

注意 ing 形があとに語句を伴うときは，名詞の後ろにくる。

◎ing 形が単独で修飾するときは，名詞のすぐ前におく。

例 Wake up the sleeping baby.　眠っている赤ちゃんを起こして。

並べかえや動詞を適する形に変える問題で出される。
前の名詞との関係を考えて ing 形か過去分詞にする。

「～された○○」というときは過去分詞を使う

Paul read a book written by Ms. Smith.

ポールはスミスさんによって書かれた本を読みました。

◎「～された」「～されている」という意味で名詞を修飾するときは，**過去分詞**を使う。

例 a language spoken in Canada　カナダで話されている 言語

名詞←後ろから修飾　　前から修飾→名詞

注意 過去分詞があとに語句を伴うときは，名詞の後ろにくる。

◎過去分詞が単独で修飾するときは，名詞のすぐ**前**におく。

例 Did you ride that broken bike?

あなたはあのこわれた自転車に乗ったのですか。

入試に出る **実戦問題** > [　　]の動詞を適する形にして，(　　)に入れなさい。

① I like hats (made) in France. [make]

② The dog (running) with Kate is mine. [run]

③ Can you see the bird (flying) over there? [fly]

> 日本文に合うように，(　　)に適する語を入れなさい。

④ これは約 100 年前に建てられたお寺です。
This is a (temple) (built) about 100 years ago.

⑤ 泣いている女の子を見て。
Look at the (crying) (girl).

意味 ① 私はフランスで作られた[フランス製の]帽子が好きです。 ② ケイトと走っている犬は私のです。 ③ あそこを飛んでいる鳥が見えますか。

43 【関係代名詞など】関係代名詞（I）

1年 2年 3年

☑ 関係代名詞のまとまりは名詞を後ろから修飾する

a friend who lives in Paris

パリに住んでいる友達

◎関係代名詞は，前の名詞に後ろから文の形で説明を加えるときに使う。

◎関係代名詞には，who，which，that などがある。

例 a boy who plays soccer well　サッカーをじょうずにする男の子

名詞（人）←関係代名詞 who のまとまりが後ろから修飾

例 a picture which I took in Paris　私がパリで撮った写真

名詞（物）←関係代名詞 which のまとまりが後ろから修飾

注意 関係代名詞のまとまりによって後ろから修飾されている名詞を先行詞という。

☑ 「人」には who を使う

I have a friend who speaks Spanish.

私にはスペイン語を話す友達がいます。

◎「人」に説明を加えるときは，関係代名詞 who を使う。

◎who のあとは動詞が続く。（主格の関係代名詞）

例 The man who teaches us English is Mr. Brown.

人（単数）　動詞は３単現の形になる。

私たちに英語を教えている男性はブラウン先生です。

注意 この文では関係代名詞は，関係代名詞のまとまりの中で主語の役割をしているので，主格の関係代名詞という。

関係代名詞を使う修飾のしかたに注意。関係代名詞のまとまりが後ろから修飾する形を押さえておこう。

「人」以外の「物」にはwhichかthatを使う

Nancy has a dog which / that swims well.

ナンシーはじょうずに泳ぐ犬を飼っています。

◎「物」「動物」について説明を加えるときは，関係代名詞のwhichかthatを使う。

注意 thatは先行詞が「人」でも使うことができるが，ふつうはwhoを使う。

◎which[that]のあとは動詞が続く。（主格の関係代名詞）

例 The book which / that arrived today was interesting.

（The book：文全体の主語／which / that arrived today：関係代名詞のまとまり／was：文全体の動詞）

今日届いた本はおもしろかった。

注意 文全体の主語と動詞の間に関係代名詞のまとまりがくることもある。どこまでが名詞を修飾する部分かに注意。

関係代名詞など

入試に出る 実戦問題

日本文に合うように，（　　）の語句を並べかえなさい。

① 彼は今朝来た手紙を読んでいます。
He's (the letter / came / which / reading) this morning.

② だれか英語を話す人はいますか。
Is there (English / who / anyone / speaks)?

③ 丘の上にある家はとても古い。
(stands / the house / is / on the hill / that) very old.

解答 ①(He's) reading the letter which came (this morning.) ②(Is there) anyone who speaks English(?) ③The house that stands on the hill is (very old.)

44 【関係代名詞など】 関係代名詞 (2)

1年 2年 3年

☑ 関係代名詞のあとに〈主語+動詞～〉が続く形に注意

This is a T-shirt which / that I bought yesterday.

これは私が昨日買ったTシャツです。

◎〈主語＋動詞～〉が前の名詞を後ろから修飾するときにも関係代名詞を使う。

例 I'll show you the watch which my father gave me.
名詞 ←関係代名詞＋主語＋動詞

父が私にくれた腕時計を見せましょう。

◎修飾される名詞（先行詞）によって，関係代名詞は使い分ける。「物」なら which か that，「人」なら that を使う。
└ who を使うこともある。

例 He is the boy that I met at the library yesterday.

彼は私が昨日図書館で会った少年です。

注意 この文では関係代名詞は，関係代名詞のまとまりの中で目的語の役割をしているので，目的格の関係代名詞という。

☑ 関係代名詞の省略に注意

This is the town they visited last year.

ここが彼らが昨年訪れた町です。

◎目的格の関係代名詞はよく省略される。

例 The book I read was boring.　私が読んだ本は退屈でした。
└ which [that] が省略されている。

注意 主格の関係代名詞は省略することはできない。

目的格の関係代名詞は省略されることが多い。
長文を読むときには，修飾関係に注意が必要。

★★★★★

関係代名詞のまとめ

①関係代名詞は，あとに語句を伴って文の形で，前の名詞を**後ろ**から修飾する働きをする。

②修飾される名詞が
「人」のとき→ who または that を使う。
「物」のとき→ which または that を使う。

③関係代名詞のあとに〈**主語＋動詞～**〉が続くとき(目的格)は，関係代名詞は**省略**できる。

④関係代名詞のあとに**動詞**が続くとき(主格)は，関係代名詞は省略できない。

例 I know a boy who lives in Canada.
私はカナダに住んでいる少年を知っています。
注意 ×I know a boy lives in Canada. とすることはできない。

入試に出る 実戦問題 ＞日本文に合うように，(　　)の語句を並べかえなさい。

① 私が訪れたい国はイタリアです。
(is / want to / the country / I / visit) Italy.

② 妹は私が持っていた靴をほしがりました。
(I / wanted / my sister / the shoes / had).

③ これは私が今まで見た中でいちばんいい映画です。
This is (ever / I've / that / the best movie / seen).

解答 ① The country I want to visit is (Italy.)　② My sister wanted the shoes I had(.)
③ (This is) the best movie that I've ever seen(.)

45 仮定法

仮定法は現在の事実に反することを仮定する

If I had the money, I could buy this bike.

もしお金があれば，私はこの自転車を買うことができるのに。

(→実際は，お金がないのでこの自転車は買えない。)

◎「もし～だったら，…なのに」のように，現在の事実に反することや現実にはありえないことを仮定するときは，〈If＋主語＋動詞の過去形 ～，主語＋助動詞の過去形(could, would など)＋動詞の原形 ….〉の形で表す。

◎be 動詞の過去形は主語に関係なく，ふつう were を使う。

注意 主語が I または 3 人称単数のときは was を使うこともあるが，基本的には were を使う。

◎If ～の部分を文の後半にして〈主語＋助動詞の過去形(could, would など)＋動詞の原形 … if＋主語＋動詞の過去形 ～.〉の形で表すこともできる。

例 If I were you, I would go with them.

もし私があなただったら，彼らといっしょに行くのに。

例 If it were sunny today, we could play tennis.

もし今日が晴れだったら，私たちはテニスをすることができるのに。

例 I could tell you if I knew his phone number.

もし私が彼の電話番号を知っていたら，あなたに教えられるのに。

例 What would you do if you had one million yen?

もし 100 万円持っていたら，あなたはどうしますか。

現実に反することを仮定するという仮定法の用法をマスターしよう。動詞の形に注意。

★★★★★

願望を表すときも仮定法を使う

I wish I had a smartphone.

私はスマートフォンを持っていたらいいのに。

(→実際はスマートフォンを持っていない。)

◎「～だったらいいのに」「～できたらいいのに」のように，現実にはありえない願望を表すときは，〈I wish ＋主語＋動詞の過去形～.〉や〈I wish ＋主語＋助動詞の過去形＋動詞の原形 ～.〉の形で表す。

◎ be 動詞の過去形は主語に関係なく，ふつう were を使う。

例 I wish you were here now.　あなたが今，ここにいればいいのに。

例 I wish I could play the piano well.

私はピアノをじょうずにひけたらいいのに。

入試に出る 実戦問題

> [　　]の(助)動詞を適する形にして,(　　)に入れなさい。

① If I (were) there, I (could) play tennis with her.　[be][can]

② I wish I (lived) in New York.　[live]

> 日本文に合うように，(　　)に適する語を入れなさい。

③ もし時間があれば，あなたを手伝えるのに。

If I (had) time, I (could) (help) you.

④ 明日テストがなければいいのに。

I wish I (didn't) have a test tomorrow.

意味
① もし私がそこにいれば，彼女とテニスができるのに。
② 私がニューヨークに住んでいればいいのに。

46 【いろいろな文】命令文

命令文は，動詞の原形で文を始める

Look at this picture.

この写真を見なさい。

◎「～しなさい」と指示する文は，**動詞の原形**で文を始める。
be動詞の文は Be で始める。

◎ please をつけると，やわらかい言い方になる。

例 Wash your hands, Ben.　手を洗いなさい，ベン。

例 Be quiet in the library.　図書館では静かにしなさい。

例 Please stand up.　立ってください。

注意 Stand up, please. と，please が後ろにくることもある。
└ コンマをつける。

否定の命令文は，動詞の前に Don't

Don't speak Japanese here.

ここでは日本語を話してはいけません。

◎「～してはいけません」という否定の命令文は，**〈Don't +動詞の原形 ～.〉**の形にする。

例 Don't swim here.　≒ You must not swim here.

ここで泳いではいけません。

注意 Don't ～. は，You must not ～. とほぼ同じ意味になる。

例 Don't be late.　遅れてはいけません。

注意 be 動詞の命令文も，Don't を使う。

例 Don't open the window, please.　窓を開けないでください。

be 動詞の命令文は Be で文を始める。
同意の文との書きかえ問題に注意。

相手を誘うときは，Let's で文を始める

Let's dance together.　いっしょに踊りましょう。

◎「～しましょう」と相手を誘うときは，〈Let's ＋動詞の原形 ～.〉の形で表す。応じ方にも注意すること。

例 Let's play tennis after school.
放課後テニスをしましょう。
— All right. / Yes, let's.　いいですよ。
— I'm sorry, but I can't.　すみませんが，できません。

注意 **Let's ～.** は，**Shall we ～?** や **Why don't we ～?** とほぼ同じ意味になる。

入試に出る 実戦問題

> 日本文に合うように，(　　)に適する語を入れなさい。

① ここに来なさい。　(Come) here.
② はずかしがってはいけません。　(Don't) be shy.

> ほぼ同じ意味になるように，(　　)に適する語を入れなさい。

③ Shall we sing this song?
(Let's) sing this song.

④ You mustn't open this door.
(Don't) open this door.

⑤ Can you help me?
(Please) help me.

意味 ③ この歌を歌いましょう。　④ このドアを開けてはいけません。
⑤ 私を手伝ってください。

47 【いろいろな文】間接疑問文・付加疑問

1年 2年 3年

疑問文が別の文の中に入ると語順が変わる

I know what your dream is.

私はあなたの夢が何であるかを知っています。

◎whatなどの疑問詞で始まる疑問文が別の文に組みこまれると，疑問詞のあとは〈主語＋動詞〉の語順になる。

もとの疑問文　What is this?　これは何ですか。

I know what this is.　私はこれが何か知っています。

注意 この形を間接疑問(文)という。what 以下は動詞 know の目的語。

◎一般動詞の疑問文の場合も同じで，疑問詞のあとは〈主語＋動詞〉の語順になる。

例 I don't know where she lives.

私は彼女がどこに住んでいるのか知りません。

例 Please tell me when he'll come.

彼がいつ来るか私に教えてください。

例 Do you know why he came to Japan?

あなたは彼がなぜ日本に来たのか知っていますか。

注意 動詞の形と，間接疑問文の中では do, does, did は使わないことに注意。

◎疑問詞が主語の場合は，語順は変わらない。

もとの疑問文　What happened yesterday?　昨日何が起こりましたか。

I don't know what happened yesterday.

主語　動詞

私は昨日何が起こったか知りません。

間接疑問文は，並べかえの問題で出されることが多い。
疑問詞のあとの語順に注意する。

★★★★★

「～ですね」と確認するときの表現

This is your dictionary, isn't it?

これはあなたの辞書ですね。

◎「～ですね」と相手に確認したり，同意を求めたりするときは，文の最後に〈否定の短縮形＋主語？〉をつける。

注意 〈否定の短縮形＋主語？〉を付加疑問という。主語は代名詞にする。

◎ be 動詞の文のときは，is, are, was, were の否定の短縮形を使う。主語や，現在か過去かで使い分ける。

例 Tom and Nancy are from Canada, aren't they?

トムとナンシーはカナダの出身ですよね。

◎一般動詞の文なら，do, does, did の否定の短縮形を使う。

例 Ms. Jones likes soccer, doesn't she?

ジョーンズさんはサッカーが好きですよね。

入試に出る 実戦問題 ＞日本文に合うように，(　　)に適する語を入れなさい。

① 彼がだれだか知っていますか。
Do you know (who) (he) (is)?

② 犬はりこうな動物ですよね。
Dogs are clever animals, (aren't) (they)?

③ 彼女に何が起こったのか知りません。
I don't know (what) (happened) to her.

【いろいろな文】

1年 2年 3年

look ～,〈give ＋人＋物〉など

「～に見える」は look,「～になる」は become

You look happy. あなたはうれしそうに見えます。

He became a teacher. 彼は教師になりました。

◎「～に見える」は,〈look ＋形容詞〉。

◎look のあとに名詞が続くときは，look like ～を使う。

例 Miki looks like her mother. 美紀は母親に似ています。

◎「～になる」は,〈become ＋名詞［形容詞］〉。

「(ある状態)になる」は,〈get ＋形容詞〉。

「～に聞こえる」は,〈sound ＋形容詞〉。

例 It's getting dark outside. 外は暗くなってきています。

例 That sounds good. それはよさそうですね。

注意 会話では, Sounds good. と言うことも多い。

「(人)に(物)をあげる」の言い方では語順に注意

I gave her a present.

私は彼女にプレゼントをあげました。

◎「(人)に(物)をあげる」は,〈give ＋人＋物〉の語順。

注意 「物」が it などの代名詞のときは,〈give ＋人＋物〉ではなく,
〈give ＋物＋ to ＋人〉で表す。
I gave it to Ann.（私はアンにそれをあげました。）

◎「人」にあたる語が,「私に」なら me,「彼に」なら him,「彼女に」なら her など，代名詞の場合は**目的格**を使う。

入試ナビ lookやbecomeは意味と使い方に注意。giveやshowは並べかえ問題でよく問われる。語順に注意！

「(人)に(物)を見せる」の言い方でも語順に注意

Can you show me your notebook?

私にあなたのノートを見せてくれますか。

◎「(人)に(物)を見せる」は，〈show＋人＋物〉の語順。

◎〈人＋物〉が続く動詞には，tell，teach，sendもある。

例 Please tell me your address.

私にあなたの住所を教えてください。

例 He teaches us English.　彼は私たちに英語を教えています。

例 I sent her an e-mail.　私は彼女にメールを送りました。

入試に出る 実戦問題

> 日本文に合うように，(　　)の語句を並べかえなさい。

① 彼が私に本をくれました。　(a book / he / me / gave).

② 彼女はすぐによくなるでしょう。
(will / soon / well / get / she).

③ 駅への道を教えてくれますか。
(the way / tell / can / me / you) to the station?

> 日本文を英語に直しなさい。

④ あなたは疲れて見えます。

⑤ 私は彼に手紙を送りました。

解答 ① He gave me a book(.)　② She will get well soon(.)　③ Can you tell me the way (to the station?)　④ You look tired.　⑤ I sent him a letter. / I sent a letter to him.

いろいろな文

49 【いろいろな文】 call A B, There is ～. など

1年 2年 3年

call, make の文は語順に注意

Please call me Ken. 私を健と呼んでください。

The news made us happy.

その知らせは私たちを幸せにしました。

◎「AをBと呼ぶ」は，call A B。

注意 Aには名詞・代名詞，Bには「呼び方」が入る。

◎「AをBにする」は，make A B。

注意 Aには名詞・代名詞，Bには形容詞が入る。

◎「AをBと名づける」は，name A B。

例 I named the cat Kuro. 私はそのねこをクロと名づけました。

There is ～. の文は be 動詞に注意

There is a cat on the chair.

いすの上にねこが(1ぴき)います。

There are two cats under the chair.

いすの下にねこが2ひきいます。

◎「(…に)～がいる[ある]」…単数は There is ～.

複数は There are ～.

注意 There is / There are に続く名詞が意味上の主語。

◎過去の文…単数は There was ～.

複数は There were ～.

例 There were some cups on the table.

テーブルの上にカップがいくつかありました。

入試ナビ callやmakeの文は，語順がよく問われる。
There is / are ～. の文はbe動詞の使い分けに注意。

★★★★★

There is ～. の否定文は2通り

There is not a movie theater in this town.
＝There is no movie theater in this town.

この町には映画館はありません。

◎be動詞のあとにnotを入れるか，〈no＋名詞〉を使う。

There is ～. の疑問文はbe動詞で文を始める

Were there any children in the park?
— Yes, there were.

公園に子どもはいましたか。— はい，いました。

◎**疑問文**…be動詞で文を始める。

◎**答え方**…thereとbe動詞を使って答える。

入試に出る 実戦問題 ＞(　　)内から適する語を選び，記号で答えなさい。

①His story (ア called　イ made　ウ looked) me sad.　［イ］

②(ア Are　イ Is　ウ Were) there a ball in the box?　［イ］

③We named (ア he　イ his　ウ him) Ken.　［ウ］

＞日本文に合うように，(　　)に適する語を入れなさい。

④私は彼女を彩と呼びます。　I (call) (her) Aya.

意味 ①彼の物語は私を悲しくさせました。　②箱の中にボールはありますか。
③私たちは彼を健と名づけました。

いろいろな文

50 【いろいろな文】〈let ＋人＋動詞の原形〉など

1年 2年 3年

☑ 〈let ＋人＋動詞の原形〉は「(人)に～させる」

Let me introduce myself.

私に自己紹介をさせてください。

◎「(人)に～させる」は let か make のあとに目的語と動詞の原形を続けて〈let/make ＋人＋動詞の原形〉の形で表す。let はしたいことを希望通りに「させる」ときに，make はむりやり「させる」ときに使う。
（動詞の原形：「原形不定詞」という。）

例 The news made me cry.

そのニュースは私を泣かせました。

◎「(人)が～するのを手伝う」は〈help ＋人＋動詞の原形〉の形。
（〈to ＋動詞の原形〉とすることもある。）

例 Jack helped an elderly woman cross the street.

ジャックはお年寄りの女性が通りを横断するのを手伝いました。

☑ 感嘆文は，How か What で始める

How fast! なんて速いのでしょう！

What a fast runner! なんて速いランナーでしょう！

◎感嘆文は「なんて～なのでしょう」という意味で，驚きや喜びを表す。

◎〈How ＋形容詞/副詞(＋主語＋動詞)!〉か〈What ＋(a, an ＋)形容詞＋名詞(＋主語＋動詞)!〉の形で表す。
（〈主語＋動詞〉はよく省略される。）

入試ナビ　let や help はあとの動詞の形に注意。
感嘆文や〈tell ＋人＋ that ～〉は語順に注意しよう。

★★★

〈tell ＋人〉のあとに that ～が続く形に注意

He told me (that) he was hungry.

彼は私におなかがすいていると言いました。

◎tell や show のあとに，目的語と〈that ＋主語＋動詞 ～〉を続けて，「…に～ということを言う[示す]」という意味を表す。

◎〈be 動詞＋感情を表す形容詞(afraid, sure, glad, happy など)〉も，あとに〈that ＋主語＋動詞 ～〉を続けることができる。

例 She will show us that it is true.
　that はよく省略される。
彼女はそれが本当であることを私たちに示してくれるでしょう。

例 I'm afraid that I can't go to the party.
残念ですが私はパーティーに行けません。

入試に出る 実戦問題

＞(　　)内から適する語句を選び，記号で答えなさい。

① Let him (ア eat　イ eating　ウ to eat) the cake.
　（ア）

② (ア How　イ What　ウ That) a cute cat!
　（イ）

＞日本文に合うように，(　　)に適する語を入れなさい。

③ あなたがその試験に合格することを私は確信しています。
I'm (sure) (that) you'll pass the exam.

④ 彼らは私たちが公園をそうじするのを手伝ってくれました。
They (helped) us (clean) the park.

意味
① 彼にケーキを食べさせてあげなさい。
② なんてかわいいねこなのでしょう！

いろいろな文

重要熟語 (1)

go を使った熟語

☑ go [to] [bed]	寝る	☑ go [out]	外出する
☑ go [away]	立ち去る	☑ go [back]	戻る，帰る
☑ go [shopping]	買い物に行く	☑ go [fishing]	釣りに行く

注意 go ~ing で「~しに行く」という意味。

look を使った熟語

☑ look [at] the stars　星を見る

☑ look [for] a bag　かばんを探す

☑ look [like] my mother　母親に似ている

☑ look [forward] [to] your e-mail　あなたのメールを楽しみに待つ

例 He looks like his father.　彼はお父さんに似ています。

例 I'm looking forward to seeing you.

あなたにお会いできるのを楽しみにしています。

take を使った熟語

☑ take [off]	(服を)脱ぐ	☑ take [care]	注意する
☑ take [a] [bath]	風呂に入る	☑ take [a] [walk]	散歩する

☑ take a [picture / photo]　写真を撮る

☑ take [care] [of] my cat　ねこの世話をする

例 Please take off your shoes here.　ここで靴を脱いでください。

例 I have to take care of my sister today.

私は今日，妹の世話をしなければなりません。

熟語の問題は，適語補充，並べかえ，英作文などいろいろな形で出される。

★★★★

get を使った熟語

- get [up] 起きる
- get [to] school 学校に着く
- get [back] 戻る，帰る
- get [home] 帰宅する
- get [on] the bus バスに乗る
- get [off] the train 電車を降りる

come を使った熟語

- come [in] 入る
- come [home] 帰宅する
- come [back] 帰ってくる，戻ってくる
- come [true] 実現する
- come [from] America アメリカの出身である
- Come [on]! がんばって！/ さあ，早く！

例 My dream has come true. 私の夢はかないました。

入試に出る 実戦問題 > (　　)内から適する語を選び，記号で答えなさい。

① What are you looking (ア with　イ like　ウ for)?
② Bob likes to (ア come　イ take　ウ go) pictures.
③ Let's (ア go　イ take　ウ have) fishing tomorrow.
④ I (ア got　イ went　ウ came) off the train at Tokyo.
⑤ Where does Emma (ア get　イ give　ウ come) from?
⑥ He takes (ア care　イ forward　ウ back) of his dog.

① あなたは何を探しているのですか。　② ボブは写真を撮るのが好きです。
③ 明日，魚釣りに行きましょう。　④ 私は東京で電車を降りました。
⑤ エマはどこの出身ですか。　⑥ 彼は犬の世話をします。

【熟語・会話】 1年 2年 3年

52 重要熟語 (2)

動詞+ up, down, on, off 副詞の熟語

- ☑ [give] up あきらめる
- ☑ [grow] up 成長する
- ☑ [put] on 身につける
- ☑ [put] off 延期する
- ☑ [sit] down すわる
- ☑ [stand] up 立ち上がる
- ☑ [cut] down 切り倒す
- ☑ [pick] up 車で迎えに行く
- ☑ [turn] [on] the TV テレビをつける
- ☑ [turn] [off] the TV テレビを消す

注意 「それをつけて」と言うときは, Turn it on. という語順になる。

動詞+ in, with, for など前置詞の熟語

- ☑ [listen] to music 音楽を聞く
- ☑ [wait] for my friends 友達を待つ
- ☑ [talk] about soccer サッカーについて話す
- ☑ [talk] with a teacher 先生と話す
- ☑ [agree] with you あなたに賛成する
- ☑ [arrive] in Japan 日本に着く
- ☑ [stay] at a hotel ホテルに滞在する

そのほかの動詞の熟語

- ☑ [have] a good [time] 楽しい時を過ごす
- ☑ [do] your [best] (あなたの) 全力をつくす
- ☑ [help] me [with] ~ (私の) ~を手伝う

be 動詞の熟語では，前置詞にも注意して覚えるようにしよう。

be 動詞の熟語

☐ be [kind] [to] elderly people	お年寄りに親切だ
☐ be [famous] [for] its temples	お寺で有名だ
☐ be [interested] [in] art	美術に興味がある
☐ be [good] [at] tennis	テニスが得意だ
☐ be [different] from others	他の人と違う
☐ be [late] [for] school	学校に遅れる
☐ be [full] [of] water	水でいっぱいである
☐ be [afraid] [of] dogs	犬を恐れる
☐ be [proud] [of] my father	父親を自慢に思う

注意 be は主語と，現在か過去かによって am, are, is, was, were を使い分ける。

入試に出る 実戦問題 > (　　)内から適する語を選び，記号で答えなさい。

☐ ① I (ア stayed　イ had　ウ was) a good time there.

☐ ② He was (ア listening　イ watching　ウ reading) to the radio then.

☐ ③ Please help me (ア of　イ to　ウ with) my homework.

> 日本文に合うように，(　　)に適する語を入れなさい。

☐ ④ 私は彼女に賛成しました。　I (agreed) (with) her.

☐ ⑤ 私は授業に遅れました。　I (was) (late) (for) class.

☐ ⑥ あきらめないで。　Don't (give) (up).

意味 ① 私はそこで楽しい時を過ごしました。 ② 彼はそのときラジオを聞いていました。 ③ 私の宿題を手伝ってください。

熟語・会話

【熟語・会話】 1年 2年 3年

53 重要熟語 (3)

副詞の働きをする熟語

- ☑ [for] [example] 例えば
- ☑ [of] [course] もちろん
- ☑ [at] [last] ついに
- ☑ [at] [first] 最初は
- ☑ [after] [school] 放課後
- ☑ [at] [home] 家で
- ☑ [over] [there] 向こうで
- ☑ [one] [day] ある日
- ☑ a [lot] たくさん，とても，たいへん
- ☑ [for] a [long] [time] 長い間
- ☑ [for] the [first] [time] 初めて
- ☑ [all] [over] the [world] 世界中で
- ☑ not ～ [at] [all] 少しも～ない
- ☑ [on] my [way] [to] school 学校へ行く途中で

例 He didn't eat at all. 彼は少しも食べませんでした。

例 Of course, I'll help you. もちろん，お手伝いします。

形容詞の働きをする熟語

- ☑ a [lot] [of] cars たくさんの車
- ☑ [lots] [of] books たくさんの本
- ☑ [a] [few] eggs 2，3個の卵
- ☑ [thousands] [of] people 何千もの人々
- ☑ a [kind] [of] sport 一種のスポーツ
- ☑ a [cup] [of] tea カップ1杯のお茶
- ☑ a [glass] [of] water コップ1杯の水

注意 tea(茶，紅茶)や water(水)は数えられない名詞。分量を表すときは cup や glass のような容器の単位を使う。

for example, of course, over there はよく出されるので，使い方と意味を確実に覚えておこう。

★★★★★

そのほかの熟語

- help [each] [other]　お互いを助ける
  - 注意 「お互い」は one another という言い方もある。
- one [after] [another]　次々に
- [thanks] [to] his help　彼の手助けのおかげで
- [because] [of] the rain　雨のために
- [in] [front] [of] the park　公園の前で
- [between] Lisa [and] Ken　リサと健の間に
- [both] Lisa [and] Ken　リサも健も両方とも
- [far] [from] my house　私の家から遠くに
- [as] [soon] [as] I went out　私が出かけるとすぐに

入試に出る **実戦問題** ＞（　）内から適する語句を選び，記号で答えなさい。

- ① Nancy has (㋐lots of　イ a lot　ウ a glass of) CDs.
- ② The express train was late (ア thanks　イ between　㋒because) of the heavy rain.
- ③ I'd like a (ア plate　イ few　㋒cup) of tea.

＞日本文に合うように，（　）に適する語を入れなさい。

- ④ 向こうで踊っている少女は私の姉です。
  The girl dancing (over) (there) is my sister.
- ⑤ 父はからい食べ物が好きです。例えば，カレーです。
  My father likes hot food, (for) (example), curry.

意味 ① ナンシーは CD をたくさん持っています。　② 急行列車は大雨のせいで遅れました。　③ お茶を1杯ほしいのですが。

熟語・会話

54 【熟語・会話】 会話表現（I）

1年 2年 3年

あいさつ・お礼

A: How are you?　お元気ですか。
B: I'm fine, thank you.　元気です，ありがとう。

初対面などのあいさつ

例 A: I'm Emma. Nice to meet you.
私はエマです。はじめまして。
B: Hi, Emma. I'm Yuki. Nice to meet you, too.
こんにちは，エマ。私は由紀です。こちらこそはじめまして。

- おはよう。　Good [morning].
- こんにちは。　Good [afternoon].
- こんばんは。　Good [evening].
- おやすみなさい。　Good [night].

別れるときのあいさつ

例 A: Bye, Kevin.　さようなら，ケビン。
B: See you tomorrow, Aya.　また明日，彩。

- またね。　[See] you.
- さようなら。　[Goodbye / Bye].

お礼・謝る

例 A: Thank you very much.　どうもありがとうございます。
B: You're welcome.　どういたしまして。

例 A: I'm sorry.　ごめんなさい。
B: That's all right.　いいんですよ。

会話表現は，リスニングでも必ず出てくるので，基本的なものは確実に押さえておこう。

★★★★★

- 問題ないですよ。 No [problem].
- どういたしまして。 Not [at] [all].
- いいんですよ。 That's [OK].

電話でのやりとり

A: Hello. This is Aya.
May I speak / talk to Nancy?
もしもし。こちらは彩です。ナンシーをお願いできますか。

B: Speaking. Hi, Aya. 私です。こんにちは，彩。

注意 くだけた会話では，It's me. とも言う。

電話の表現

例 A: Is Kevin there? ケビンはいますか。

B: Sorry, he's out. Shall I take a message?
すみませんが，外出中です。伝言をうかがいましょうか。

A: No, thanks. I'll call back later.
いいえ，結構です。あとでかけ直します。

- 少々お待ちください。 [Hold] [on], please.
  [Just / Wait] a [minute].

注意 minute の代わりに，moment や second も使う。

- どちら様ですか。 [Who's] [calling], please?
- 番号が違っています。 You [have] the [wrong] number.
- 伝言をお願いできますか。 Can I [leave] a [message]?

55 【熟語・会話】 1年 2年 3年

会話表現 (2)

☑ 道案内

A: Excuse me. Could you tell me the way to City Hall?

すみません。市役所への道を教えていただけますか。

B: Sure. Go straight and turn right at the second corner. You'll see it on your left.

いいですよ。まっすぐ行って２番目の角で右に曲がります。左手に見えます。

A: Thank you very much. ありがとうございます。

☑ 道をたずねるときの表現

例 図書館はどこですか。 Where is the library?

例 この近くに駅はありますか。 Is there a station near here?

例 病院へはどうやって行けますか。 How can I get to the hospital?

注意 道をたずねるときは，最初に Excuse me.（すみません。）と言う。

☑ 場所がわからないときの答え方

例 すみませんが，わかりません。 I'm sorry, but I don't know.

例 このあたりはよく知りません。 I'm a stranger here.

☑ 乗り物についてたずねるときの表現

例 どの電車が奈良へ行きますか。 Which train goes to Nara?

例 どこで降りればいいですか。 Where should I get off?

入試ナビ　道案内，買い物など，場面ごとによく出る表現を覚えるようにしよう。

★★★★★

買い物

A: May I help you?　ご用件をうかがいましょうか。

B: Yes, please. I'm looking for a blouse.

はい，お願いします。ブラウスを探しています。

□店でのやりとり

例 A: How about this one?　こちらはいかがですか。

B: It's too big for me.　私には大きすぎます。

- ちょっと見ているだけです。　I'm [just] [looking].
- それにします。　I'll [take / buy] it.
- それを試着してもいいですか。　Can I [try] it [on]?
- もっと小さいのはありますか。　Do you [have] a smaller one?

□注文するときのやりとり

例 A: Two hamburgers and one apple juice, please.

ハンバーガーを２個とりんごジュースを１つください。

B: All right. Anything else?

かしこまりました。ほかにはございますか。

A: That's all. How much is it?　それで全部です。いくらですか。

B: Five dollars, please.　５ドルです。

- サラダをお願いします。I'd [like] a salad. / I'll [have] a salad.
- こちらでお召し上がりですか，お持ち帰りですか。

[For] here or [to] go?

56 【熟語・会話】会話表現 (3)

1年 2年 3年

誘ったりすすめたりするとき

A: We're going to go camping.
Why don't you join us?
私たちはキャンプに行く予定です。参加しませんか。

B: Sounds good. それはいいですね。(よさそうに聞こえます)

提案するときの表現

例 A: How about playing tennis? テニスをするのはどうですか。
B: I'd love to. ぜひそうしたいです。

注意 How about のあとは，名詞か動名詞(~ing)が続く。

ていねいに誘うときの表現

例 A: Would you like to come to my house?
私の家にいらっしゃいませんか。
B: Sorry, but I'm busy today. すみませんが，今日は忙しいです。

- 買い物に行きましょうか。 [Shall] we go shopping?
- サッカーをしましょう。 [Let's] play soccer.

いろいろな応じ方

例 はい，そうしましょう。 Yes, let's.

例 それはいい考えですね。 That's a good idea.

例 もちろん，そうします。 Why not?

物をすすめるときの表現

例 A: Would you like something to drink? 飲み物はいかがですか。
B: Yes, please. はい，お願いします。

入試ナビ　適する英文を選ぶ問題では，対話形式のものが多い。場面をつかんで，適する応答を選べるようにしよう。

★★★★★

☑ そのほかのよく出る会話表現

A: What's wrong?　どうしたのですか。
B: I have a headache.　頭痛がします。

□ 体調などをたずねる表現

例 A: What's the matter?　どうしたのですか。
B: I feel sick.　気分が悪いのです。
A: That's too bad.　それはお気の毒に。

- 気分はどうですか。　[How] do you [feel]?
- 大丈夫ですか。　[Are] you OK? / [Are] you all right?

□ 物を手渡すときの表現

例 A: May I see your passport?　パスポートを拝見できますか。
B: Sure. Here you are.　わかりました。はい，どうぞ。

□ あいづち

例 A: You can't drink this water.　この水は飲めません。
B: I see.　わかりました。

- 本当？　[Really]?
- その通りです。　That's [right].
- そうですね。ええと。　Let's [see]. / Let me see.

□ 確認するときの表現

例 確かですか。　Are you sure?
例 そうなんですか。　Is that so?

最終 チェック

ミニ英和

★ 覚えておきたい単語や熟語の代表的な意味を赤文字で示してあります。赤フィルターで意味を隠してくり返し学習しましょう。930語(句)収録。ただし，p.28～33で扱っている名詞，p.38，39で扱っている形容詞，p.110～115で扱っている熟語は収録されていません。

★ チェックリストとしても活用できます。

A

- ☑ a 冠 1つの
  - ☑ a member of ～　～の一員
  - ☑ a minute　ちょっとの間
  - ☑ a piece of ～　1つの～
- ☑ able 形 (be able to ～ で) ～できる
- ☑ about 前 ～について 副 およそ
- ☑ abroad 副 外国に
- ☑ accident 名 事故
- ☑ across 前 ～を横切って
- ☑ activity 名 活動
- ☑ address 名 住所
- ☑ advice 名 助言(アドバイス)
- ☑ afraid 形 こわがって
- ☑ Africa 名 アフリカ
- ☑ African 形 アフリカの
- ☑ after 前 接 ～のあとに
  - ☑ after a while　その後しばらくして
- ☑ again 副 再び
- ☑ against 前 ～に対抗して
- ☑ age 名 年齢
- ☑ ago 副 (今から) ～前に
- ☑ agree 動 同意する
- ☑ air 名 空気
  - ☑ air pollution　大気汚染
- ☑ airport 名 空港
- ☑ all 形 すべての　代 すべて
  - ☑ all over ～　～のいたるところに
  - ☑ All right.　よろしい。
  - ☑ all year round　1年中
- ☑ almost 副 もう少しで，ほとんど
- ☑ alone 副 ひとりで
- ☑ along 前 ～に沿って
- ☑ already 副 (もう)すでに
- ☑ also 副 ～もまた
- ☑ ALT 名 外国語指導助手の先生
- ☑ always 副 いつも
- ☑ am 動 ～です，(～に)いる[ある]
- ☑ a.m.　午前
- ☑ America 名 アメリカ
- ☑ American 形 アメリカの 名 アメリカ人
- ☑ among 前 (3つ以上) の間に
- ☑ an 冠 1つの(母音で始まる語の前で使う)
- ☑ and 接 そして，～と…
- ☑ angry 形 怒った
- ☑ animal 名 動物

☑ another 形 もう1つの
☑ answer 動 答える 名 答え
☑ any 形 (疑問文で) いくらかの，(否定文で) 少しも
☑ anyone 代 (疑問文で) だれか，(否定文で) だれも
☑ anything 代 (疑問文で) 何か，(否定文で) 何も
☑ apple 名 りんご
☑ are 動 ～です，(～に)いる[ある]
☑ area 名 地域
☑ arm 名 腕
☑ around 前 ～のまわりに
☑ arrive 動 到着する
☑ art 名 芸術，美術
☑ as 前 ～として
☑ Asia 名 アジア
☑ Asian 形 アジアの
☑ ask 動 たずねる，頼む
☑ astronaut 名 宇宙飛行士
☑ at 前 ～のところで，～時に
  ☑ at the same time 同時に
☑ Australia 名 オーストラリア
☑ Australian 形 オーストラリアの
☑ away 副 はなれて

B

☑ baby 名 赤ちゃん
☑ back 副 後ろへ，もどって
☑ bag 名 かばん
☑ ball 名 ボール
☑ band 名 バンド(楽団)
☑ bank 名 銀行
☑ bath 名 ふろ
☑ be 動 ～です，(～に)いる[ある]
  ☑ be able to ～ ～できる
  ☑ be born 生まれる
  ☑ be covered with ～ ～でおおわれている
  ☑ be glad to ～ ～してうれしい
  ☑ be going to ～ ～するつもりだ
  ☑ be happy to ～ ～してうれしい
  ☑ be held 開催される
  ☑ be impressed 感銘(かんめい)を受ける
  ☑ be injured けがをしている
  ☑ be killed (事故などで)死ぬ
  ☑ be sick in bed 病気で寝ている
  ☑ be surprised 驚く
☑ beach 名 浜辺
☑ beautiful 形 美しい
☑ because 接 なぜなら(～だから)
☑ become 動 ～になる
☑ before 前 接 ～の前に 副 以前に
☑ begin 動 始める，始まる
☑ believe 動 信じる
☑ best 形 副 もっともよい[よく]
☑ better 形 副 よりよい[よく]
☑ between 前 (2つ)の間に
☑ bike 名 自転車
☑ bird 名 鳥
☑ blow 動 (風が)吹く
☑ boat 名 ボート，船
☑ body 名 体
☑ book 名 本
☑ born (be bornで) 生まれる

- ☑ borrow 動 借りる
- ☑ both 代 形 両方(の)
- ☑ bottle 名 びん
- ☑ box 名 箱
- ☑ boy 名 男の子
- ☑ bread 名 パン
- ☑ break 動 壊す 名 休けい
- ☑ breakfast 名 朝食
- ☑ bridge 名 橋
- ☑ bright 形 かがやいている
- ☑ bring 動 持ってくる
- ☑ build 動 建てる
- ☑ building 名 建物
- ☑ bus 名 バス
  - ☑ bus stop　バス停
- ☑ but 接 しかし
- ☑ buy 動 買う
- ☑ by 前 ～によって，～のそばに

C

- ☑ cake 名 ケーキ
- ☑ call 動 呼ぶ，電話する
- ☑ camera 名 カメラ
- ☑ camp 名 動 キャンプ(をする)
- ☑ can 助 ～できる
- ☑ Canada 名 カナダ
- ☑ Canadian 形 カナダの
- ☑ cap 名 ぼうし
- ☑ car 名 車
- ☑ card 名 カード
- ☑ care 名 注意，世話
- ☑ careful 形 注意深い
- ☑ carefully 副 注意深く
- ☑ carry 動 運ぶ
- ☑ cat 名 ねこ
- ☑ catch 動 つかまえる
- ☑ cause 名 原因 動 引き起こす
- ☑ CD 名 CD(コンパクトディスク)
- ☑ cell phone 名 携帯電話
- ☑ center 名 中心，センター
- ☑ century 名 世紀
- ☑ chair 名 いす
- ☑ chance 名 機会
- ☑ change 動 変える 名 変化，おつり
- ☑ cheap 形 安い
- ☑ cheer 動 元気づける（cheer up）
- ☑ cherry 名 サクランボ
  - ☑ cherry blossom　桜の花
- ☑ child 名 子ども
- ☑ children 名 child(子ども)の複数形
- ☑ China 名 中国
- ☑ Chinese 形 中国の 名 中国人，中国語
- ☑ chocolate 名 チョコレート
- ☑ choose 動 選ぶ
- ☑ chopsticks 名 (食事用の)はし
- ☑ chorus 名 合唱(団)
- ☑ city 名 都市
  - ☑ City Hall　市役所
- ☑ class 名 クラス，授業
- ☑ classmate 名 クラスメイト
- ☑ classroom 名 教室
- ☑ clean 動 そうじする 形 きれいな
- ☑ clerk 名 店員
- ☑ climb 動 登る

- ☑ close 動 閉じる
- ☑ clothes 名 衣服
- ☑ cloud 名 雲
- ☑ club 名 クラブ，部
  - ☑ club activities　クラブ活動
- ☑ coat 名 コート，上着
- ☑ coffee 名 コーヒー
- ☑ cold 形 寒い，冷たい 名 かぜ
- ☑ collect 動 集める
- ☑ college 名 大学
- ☑ come 動 来る
- ☑ comic 名 まんが本 (comic book)
- ☑ communicate 動 意思を通じ合う
- ☑ communication 名 コミュニケーション
- ☑ community 名 地域社会
- ☑ company 名 会社
- ☑ computer 名 コンピューター
- ☑ concert 名 コンサート
- ☑ contest 名 コンテスト
- ☑ continue 動 続く，続ける
- ☑ convenience store 名 コンビニエンスストア
- ☑ conversation 名 会話
- ☑ cook 動 料理する 名 料理人
- ☑ corner 名 角(かど)
- ☑ could 助 ～できた (助動詞canの過去形)
- ☑ country 名 国
- ☑ course 名 進路
- ☑ cousin 名 いとこ
- ☑ cover 動 おおう
- ☑ cross 動 横切る
- ☑ crowded 形 こみ合った
- ☑ cry 動 泣く，さけぶ
- ☑ culture 名 文化
- ☑ cup 名 カップ，茶わん
- ☑ cut 動 切る
- ☑ cute 形 かわいらしい

D

- ☑ dad 名 お父さん(father)
- ☑ dance 動 踊る 名 ダンス
- ☑ dangerous 形 危険な
- ☑ date 名 日付
- ☑ daughter 名 娘
- ☑ dear 形 (手紙の書き出しで)親愛なる(～様)
- ☑ decide 動 決める
- ☑ deep 形 深い
- ☑ delicious 形 とてもおいしい
- ☑ department store 名 デパート
- ☑ desk 名 机
- ☑ dictionary 名 辞書
- ☑ die 動 死ぬ
- ☑ difference 名 違い
- ☑ dinner 名 夕食
- ☑ dirty 形 汚(きたな)い
- ☑ disagree 動 意見が合わない
- ☑ discussion 名 議論
- ☑ dish 名 皿，料理
- ☑ do 動 する
- ☑ doctor 名 医師
- ☑ dog 名 犬
- ☑ doll 名 人形

☑ dollar 名 ドル(お金の単位)
☑ door 名 ドア
☑ down 副 下に
☑ drama 名 演劇，ドラマ
☑ draw 動 (ペンなどで) 描く
☑ dream 名 夢
☑ dress 名 服
☑ drink 動 飲む
☑ drive 動 運転する
☑ driver 名 運転手(ドライバー)
☑ drop 動 落とす
☑ during 前 (ある期間) の間に

E

☑ each 形 それぞれの
☑ ear 名 耳
☑ early 副 (時間・時期が) 早く 形 早い
☑ earth 名 地球
☑ east 名 東
☑ eat 動 食べる
☑ egg 名 卵
☑ either 副 (否定文で) ～もまた
☑ elderly 形 年配の
☑ electricity 名 電気
☑ elementary school 名 小学校
☑ else 副 そのほかに
☑ e-mail 名 電子メール
☑ encourage 動 勇気づける
☑ end 名 終わり，端 動 終わる
☑ energy 名 エネルギー
☑ engineer 名 技師
☑ England 名 イングランド
☑ enjoy 動 楽しむ
☑ enough 形 十分な
☑ enter 動 入る
☑ environment 名 環境
☑ Europe 名 ヨーロッパ
☑ even 副 ～でさえ
☑ event 名 行事
☑ ever 副 今までに
☑ every 形 すべての
☑ everyone 代 みんな，だれでも
☑ everything 代 あらゆること[もの]，何でも
☑ everywhere 副 どこでも
☑ exam 名 試験 (examination)
☑ example 名 例
☑ exchange 動 交換する 名 交換
☑ excited 形 興奮した
☑ exciting 形 わくわくさせる
☑ excuse 動 (Excuse me. で)すみません。
☑ expensive 形 高価な
☑ experience 名 経験
☑ explain 動 説明する
☑ express 動 表現する
☑ eye 名 目

F

☑ face 名 顔
☑ fact 名 事実，(in factで)実は
☑ factory 名 工場
☑ fall 動 落ちる 名 秋
☑ famous 形 有名な
☑ fan 名 ファン
☑ far 副 遠くに

☑ farm 名 農場
☑ farmer 名 農場経営者，農家の人
☑ fast 副（スピードが）速く 形 速い
☑ favorite 形 いちばん好きな
☑ feel 動 感じる
☑ feeling(s) 名 気持ち
☑ festival 名 祭り
☑ fever 名（病気の）熱
☑ few 形（a fewで）少しの，少数の
☑ field 名 畑，競技場
　☑ field trip　見学旅行
☑ finally 副 最後に，とうとう
☑ find 動 見つける
☑ fine 形 元気な，けっこうな
☑ finger 名（手の）指
☑ finish 動 終える
☑ fire 名 火
☑ fish 名 魚
☑ fishing 名 魚釣り
☑ flight 名 飛行機の便，空の旅
☑ floor 名 床，階
☑ flower 名 花
☑ flute 名 フルート
☑ fly 動 飛ぶ
☑ follow 動 ついて行く，（指示などに）従う
☑ food 名 食べ物
☑ foot 名 足（足首から下の部分）
☑ for 前 ～の間，～のために
　☑ for a while　しばらくの間
☑ foreign 形 外国の
☑ forest 名 森
☑ forget 動 忘れる
☑ forward 副 前方へ
☑ France 名 フランス
☑ French 形 フランスの 名 フランス語，フランス人
☑ fresh 形 新鮮な
☑ friendly 形 友好的な
☑ from 前 ～から
☑ front 名 前
☑ fruit 名 くだもの
☑ fun 名 おもしろいこと
☑ funny 形 おかしい
☑ future 名 未来

G

☑ game 名 試合，ゲーム
☑ garbage 名 生ごみ
☑ garden 名 庭園
☑ get 動 手に入れる
　☑ get angry　怒る
　☑ get hurt　けがをする
　☑ get injured　けがをする
☑ girl 名 女の子
☑ give 動 与える
☑ glad 形 うれしい
☑ glass 名 ガラス，コップ，（glassesで）めがね
☑ go 動 行く
　☑ go camping　キャンプに行く
　☑ go home　家に帰る
　☑ go straight　まっすぐ行く
☑ goal 名 ゴール，目標
☑ god 名 神

☑ gold 名 金（きん）
☑ goodbye 間 さようなら
☑ grade 名 学年，等級
☑ grandparents 名 祖父母
☑ graph 名 グラフ
☑ great 形 すばらしい，偉大な
☑ greeting 名 あいさつ
☑ ground 名 地面
☑ group 名 集団，グループ
☑ grow 動 成長する，育てる
☑ guess 動 推測する
☑ guest 名 客（招待客）
☑ guide 名 案内人
☑ guitar 名 ギター
☑ gym 名 体育館

H

☑ hair 名 髪の毛
☑ half 名 形 半分（の）
☑ hall 名 ホール（会館）
☑ hamburger 名 ハンバーガー
☑ hand 名 手
☑ happen 動 起こる
☑ happy 形 幸せな
☑ hard 副 一生けんめいに
☑ hat 名 ぼうし
☑ have 動 持っている，食べる
　☑ have a chance to ～　～する機会がある
　☑ have a cold　かぜをひいている
　☑ have to ～　～しなければならない
☑ he 代 彼は
☑ head 名 頭
☑ headache 名 頭痛
☑ health 名 健康
☑ healthy 形 健康な
☑ hear 動 聞こえる，うわさに聞いている
　☑ hear from ～　～から連絡がある
☑ heart 名 心（感情），心臓
☑ hello 間 こんにちは，もしもし
☑ help 動 手伝う，助ける 名 助け
☑ her 代 彼女の，彼女を［に］
☑ here 副 ここに
　☑ Here you are.　はい，どうぞ。
☑ hers 代 彼女のもの
☑ herself 代 彼女自身
☑ hi 間 やあ，こんにちは
☑ high school 名 高校
☑ him 代 彼を［に］
☑ himself 代 彼自身
☑ his 代 彼の，彼のもの
☑ history 名 歴史
☑ hit 動 打つ，（台風などが）襲う
☑ hobby 名 趣味
☑ hold 動 手に持つ
☑ hole 名 穴
☑ holiday 名 休日，祝日
☑ home 副 家に 名 家庭
☑ homestay 名 ホームステイ
☑ homework 名 宿題
☑ hope 動 望む 名 希望
☑ horse 名 馬
☑ host 名 主人
　☑ host family　ホストファミリー

☑ hotel 名 ホテル
☑ hour 名 1時間(時間の単位)
☑ house 名 家
☑ housework 名 家事
☑ how 副 どんな，どのようにして
☑ human 形 人間の
名 人間(human being)
☑ hurry 動 急ぐ
☑ hurt 動 傷つける，痛む 形 傷ついた
☑ husband 名 夫

I

☑ I 代 私は
☑ ice 名 氷
☑ idea 名 考え
☑ if 接 もし(～ならば)
☑ imagine 動 想像する
☑ important 形 重要な
☑ impressed 形 感銘を受けた
☑ in 前 ～の中に，(年，季節，月)に
☑ in fact　実は
☑ in my opinion　私の意見では
☑ in the future　将来は
☑ India 名 インド
☑ Indian 形 インドの
☑ information 名 情報
☑ injured 形 けがをした
☑ interested 形 興味がある
☑ interesting 形 おもしろい
☑ international 形 国際的な
☑ Internet 名 インターネット
☑ into 前 ～の中へ
☑ introduce 動 紹介する
☑ invent 動 発明する
☑ invite 動 招待する
☑ is 動 ～です，(～に)いる[ある]
☑ island 名 島
☑ it 代 それは，それを[に]
☑ Italian 形 イタリアの
☑ Italy 名 イタリア
☑ its 代 それの
☑ itself 代 それ自身

J

☑ Japan 名 日本
☑ Japanese 形 日本の
名 日本人，日本語
☑ job 名 仕事
☑ join 動 加わる，参加する
☑ juice 名 ジュース
☑ jump 動 跳ぶ(ジャンプする)
☑ junior high school 名 中学校
☑ just 副 ちょうど

K

☑ keep 動 保つ
☑ key 名 かぎ
☑ kill 動 殺す，(be killedで)(事故などで)死ぬ
☑ kilometer 名 キロメートル
☑ kind 形 親切な 名 種類
☑ king 名 王
☑ kitchen 名 台所
☑ know 動 知っている
☑ Korea 名 韓国，朝鮮
☑ Korean 形 韓国の，朝鮮の
名 韓国語[人]，朝鮮語[人]

L

☑ lady 名 女の人（womanのていねいな言い方）
☑ lake 名 湖
☑ land 名 陸地，土地
☑ language 名 言語
☑ late 形 遅れた
☑ later 副 あとで
☑ laugh 動（声を出して）笑う
☑ leaf 名 葉
☑ learn 動 習い覚える，知る
☑ leave 動 去る，出発する，残す
☑ leg 名 足（足首から上の部分）
☑ lesson 名 授業，けいこ（レッスン）
☑ let 動 ～させる
☑ letter 名 手紙
☑ life 名 生活，生命
☑ like 動 好きだ 前 ～のような
☑ line 名 線
☑ listen 動（listen to ～で）～を聞く
☑ live 動 住む
☑ local 形 その土地の
☑ look 動 見る，～に見える
☑ lose 動 失う，負ける
☑ loud 形（声などが）大きい
☑ love 動 大好きだ 名 愛
☑ luck 名 運
☑ lucky 形 幸運な
☑ lunch 名 昼食

M

☑ machine 名 機械
☑ magic 名 形 魔法（の）
☑ make 動 作る，（make A Bで）AをBにする
  ☑ make a mistake 間違える
  ☑ make a speech スピーチをする
☑ man 名 男の人
☑ many 形 たくさんの，多数の
  ☑ many kinds of ～ いろいろな種類の～
☑ map 名 地図
☑ market 名 市場
☑ match 名 試合
☑ matter 名 事柄，問題（やっかいなこと）
☑ may 助 ～かもしれない
☑ maybe 副 もしかしたら（～かもしれない）
☑ me 代 私を［に］
☑ mean 動 意味する
☑ meaning 名 意味
☑ meat 名 肉
☑ medicine 名 薬
☑ meet 動 会う
☑ meeting 名 会合，会議
☑ memory 名 記憶
☑ message 名 伝言
☑ meter 名 メートル
☑ milk 名 牛乳
☑ million 名 形 100万（の）
☑ mind 名 心（頭の中）
☑ mine 代 私のもの
☑ minute 名 分（時間の単位）
☑ miss 動 のがす，（だれかが）いなくて

さびしく思う

- ☑ Miss 名 ～さん，～先生（未婚の女性の敬称）
- ☑ mistake 名 誤り 動 間違える
- ☑ mom 名 お母さん（mother）
- ☑ money 名 お金
- ☑ moon 名（天体の）月
- ☑ more 形 もっと多くの
- ☑ most 代 形 ほとんど（の）
- ☑ mountain 名 山
- ☑ mouth 名 口（くち）
- ☑ move 動 動かす，動く，引っ越す
- ☑ movie 名 映画
  - ☑ movie theater　映画館
- ☑ Mr. 名 ～さん，～先生（男性の敬称）
- ☑ Mrs. 名 ～さん，～先生（既婚の女性の敬称）
- ☑ Ms. 名 ～さん，～先生（女性の敬称）
- ☑ Mt. 名 ～山
- ☑ much 形 たくさんの（多量の）
- ☑ musician 名 音楽家
- ☑ must 助 ～しなければならない
- ☑ my 代 私の
- ☑ myself 代 私自身

N

- ☑ name 名 名前 動 名づける
- ☑ national 形 国立の，国家の
- ☑ natural 形 自然の
- ☑ nature 名 自然
- ☑ near 前 ～の近くに
- ☑ need 動 必要とする
- ☑ nervous 形 不安になっている，緊張している
- ☑ never 副 決して～ない
- ☑ news 名 ニュース
- ☑ newspaper 名 新聞
- ☑ next 形 次の
- ☑ nice 形 すてきな，親切な
- ☑ no 副 いいえ 形 1つも～ない
- ☑ north 名 北
- ☑ nose 名 鼻
- ☑ not 副 ～ない
- ☑ notebook 名 ノート
- ☑ nothing 代 何も～ない
- ☑ notice 動 気づく
- ☑ now 副 今
- ☑ number 名 数，番号
- ☑ nurse 名 看護師

O

- ☑ o'clock 副 ～時（ちょうど）
- ☑ of 前 ～の
- ☑ off 副 はなれて
- ☑ office 名 事務所，会社
- ☑ often 副 よく（しばしば）
- ☑ OK 形 副 よろしい（okay）
- ☑ on 前 ～の上に，（日付，曜日）に
- ☑ once 副 1度，かつて
- ☑ only 副（ただ）～だけ
- ☑ open 動 開く 形 開いている
- ☑ opinion 名 意見
- ☑ or 接 ～または…
- ☑ orange 名 オレンジ
- ☑ order 名 動 注文（する）
- ☑ other 形 ほかの

☑ others 代 他人
☑ our 代 私たちの
☑ ours 代 私たちのもの
☑ ourselves 代 私たち自身
☑ out 副 外に
 ☑ out of ～　～から外へ
☑ outside 前 副 (～の)外側に
☑ over 前 ～の上に，～をこえて
☑ own 形 自分自身の

P

☑ page 名 ページ
☑ pain 名 苦痛，痛み
☑ paint 動 (絵の具で)描く
☑ painting 名 絵
☑ paper 名 紙
☑ pardon 動 (Pardon? で) 何とおっしゃいましたか。
☑ park 名 公園
☑ part 名 部分
 ☑ part of ～　～の一部
☑ party 名 パーティー
☑ pass 動 (物を) 手渡す，(時が) たつ
☑ passport 名 パスポート
☑ pay 動 支払う
☑ P.E. 名 体育
☑ peace 名 平和
☑ pen 名 ペン
☑ pencil 名 えんぴつ
☑ people 名 人々
☑ person 名 人
☑ pet 名 ペット
☑ phone 名 電話(telephone)
☑ photo 名 写真(photograph)
☑ piano 名 ピアノ
☑ pick 動 (花などを)つむ
 ☑ pick up　拾う
☑ picture 名 写真，絵
☑ piece 名 (a piece of ～ で) 1つの～
☑ pizza 名 ピザ
☑ place 名 場所
☑ plan 名 動 計画(する)
☑ plane 名 飛行機
☑ planet 名 惑星
☑ plant 名 植物 動 植える
☑ plastic 名 形 プラスチック(の)
☑ play 動 (楽器を) 演奏する，(スポーツを) する
☑ please 副 どうぞ
☑ p.m.　午後
☑ poem 名 詩
☑ point 名 点，要点
☑ police 名 警察
☑ pollution 名 汚染
☑ pool 名 プール
☑ poor 形 貧しい，かわいそうな
☑ popular 形 人気のある
☑ post office 名 郵便局
☑ potato 名 じゃがいも
☑ power 名 力(ちから)
☑ practice 動 練習する 名 練習
☑ prepare 動 準備をする
☑ present 名 プレゼント
☑ pretty 形 きれいな，かわいらしい
☑ prize 名 賞

- problem 名 問題
- produce 動 生産(産出)する
- product 名 産物，製品
- program 名 番組，プログラム
- project 名 計画(大がかりなもの)
- promise 名 動 約束(する)
- protect 動 保護する
- proud 形 誇りに思っている
- pull 動 引く
- purpose 名 目的
- push 動 押す
- put 動 置く

Q

- question 名 質問
- quickly 副 すばやく
- quiet 形 静かな

R

- race 名 競走
- rain 動 雨が降る 名 雨
- rainbow 名 虹
- raise 動 上げる，育てる
- read 動 読む
- ready 形 用意ができた
- real 形 ほんとうの，現実の
- realize 動 さとる(気づく)，実現する
- really 副 ほんとうに
- reason 名 理由
- recycle 動 リサイクルする
- reduce 動 減らす
- relax 動 くつろがせる(リラックスさせる)
- remember 動 覚えている，思い出す
- report 名 レポート(報告)
- respect 動 尊敬する 名 尊敬
- rest 名 休息
- return 動 戻る，戻す
- rice 名 米，ご飯，稲
- ride 動 乗る
- river 名 川
- road 名 道路
- robot 名 ロボット
- rock 名 岩
- room 名 部屋
- rule 名 規則
- run 動 走る

S

- sad 形 悲しい
- safe 形 安全な
- sandwich 名 サンドイッチ
- save 動 救う，節約する
- say 動 言う
- schedule 名 予定(表)
- school 名 学校
- scientist 名 科学者
- sea 名 海
- seat 名 座席
- secret 名 秘密
- see 動 見える(目に入る)，会う
- seed 名 種(たね)
- sell 動 売る
- send 動 送る
- service 名 サービス
- shake 動 振る
  - shake hands　握手する

☑ shall 助 (Shall I ～? で) (私が)～しましょうか。
☑ share 動 共有する，分け合う
☑ she 代 彼女は
☑ ship 名 船
☑ shirt 名 シャツ，ワイシャツ
☑ shoe 名 くつ
☑ shop 名 店
☑ shopping 名 買い物
☑ should 助 ～したほうがよい
☑ shout 動 さけぶ
☑ show 動 見せる
☑ shrine 名 神社
☑ shy 形 はずかしがりの
☑ sick 形 病気の
☑ side 名 側面，(on the ～ side で)～側に
☑ sightseeing 名 観光
☑ sign 名 記号，標識
　☑ sign language 手話
☑ simple 形 単純な
☑ since 前 接 ～以来(ずっと)
☑ sing 動 歌う
☑ singer 名 歌手
☑ sit 動 すわる
☑ size 名 大きさ
☑ skate 動 スケートをする
☑ ski 動 スキーをする
☑ sky 名 空
☑ sleep 動 眠る
☑ slowly 副 ゆっくりと
☑ smell 動 においがする 名 におい
☑ smile 名 ほほえみ 動 ほほえむ
☑ snow 動 雪が降る 名 雪
☑ so 副 そんなに，そのように 接 それで
☑ society 名 社会
☑ soft 形 やわらかい
☑ some 形 いくつかの，いくらかの
☑ someone 代 だれか
☑ something 代 何か
☑ sometimes 副 ときどき
☑ son 名 息子
☑ song 名 歌
☑ soon 副 すぐに
☑ sorry 形 すまなく思って
☑ sound 動 ～に聞こえる 名 音
☑ south 名 南
☑ space 名 宇宙
☑ Spain 名 スペイン
☑ Spanish 形 スペインの 名 スペイン語[人]
☑ speak 動 話す
☑ special 形 特別の
☑ speech 名 スピーチ，演説
☑ spend 動 (時を) 過ごす，(金を) 使う
☑ stadium 名 競技場
☑ stage 名 舞台
☑ stand 動 立つ
☑ star 名 星
☑ start 動 始める，始まる
☑ stay 動 滞在する 名 滞在
☑ still 副 まだ，今でも
☑ stone 名 石

☑ stop 動 止まる，止める
☑ store 名 店
☑ storm 名 あらし
☑ story 名 物語
☑ straight 副 まっすぐに
☑ strange 形 奇妙な
☑ stranger 名 見知らぬ人，(その土地に)不案内な人
☑ street 名 通り
☑ study 動 勉強する
☑ style 名 様式(スタイル)
☑ such 形 そのような
☑ suddenly 副 突然
☑ sun 名 太陽
☑ supermarket 名 スーパーマーケット
☑ support 動 支える
☑ sure 形 確信して
副 (返事で) もちろん
☑ surprised 形 驚いた
☑ sweater 名 セーター
☑ sweet 形 あまい
☑ swim 動 泳ぐ
☑ symbol 名 象徴

T

☑ table 名 テーブル
☑ take 動 取る，持っていく，連れていく
　☑ take a bus　バスに乗っていく
　☑ take a train　電車に乗っていく
☑ talk 動 話す(会話する)
☑ taste 動 味がする 名 味
☑ tea 名 紅茶，茶
☑ teach 動 教える
☑ tear 名 (tearsで)涙
☑ telephone 名 電話(phone)
☑ tell 動 伝える(話す)，(道順などを)教える
☑ temperature 名 温度
☑ temple 名 寺
☑ terrible 形 ひどい
☑ test 名 検査，テスト
☑ than 接 前 ～よりも
☑ thank 動 感謝する
☑ that 代 あれ 形 あの
☑ the 冠 その
☑ theater 名 劇場，(movie theaterで)映画館
☑ their 代 彼(女)らの
☑ theirs 代 彼(女)らのもの
☑ them 代 彼(女)らを[に]
☑ themselves 代 彼(女)ら自身
☑ then 副 そのとき，それでは
☑ there 副 そこに
☑ these 代 これら 形 これらの
☑ they 代 彼(女)らは
☑ thing 名 こと，もの
☑ think 動 思う
☑ this 代 これ 形 この
☑ those 代 あれら 形 あれらの
☑ through 前 ～を通りぬけて，～を通して
☑ throw 動 投げる
　☑ throw away　捨てる
☑ ticket 名 切符，チケット

☑ time 名 時間，回
☑ tired 形 疲れた
☑ to 前 ～へ，～まで
☑ today 副 名 今日(は)
☑ together 副 いっしょに
☑ tomato 名 トマト
☑ tomorrow 副 名 明日(は)
☑ tonight 副 名 今夜(は)
☑ too 副 ～もまた，あまりに～すぎる
☑ top 名 頂上
☑ topic 名 話題
☑ touch 動 さわる
☑ tour 名 旅行
☑ town 名 町
☑ toy 名 おもちゃ
☑ tradition 名 伝統
☑ traditional 形 伝統的な
☑ traffic 名 交通
☑ train 名 電車
☑ training 名 訓練
☑ trash 名 ごみ
☑ travel 動 旅行する
☑ treasure 名 宝物
☑ tree 名 木
☑ trip 名 旅行
☑ trouble 名 心配(ごと)，困ること
☑ true 形 ほんとうの(真実の)
☑ try 動 試みる，やってみる
☑ T-shirt 名 Tシャツ
☑ turn 動 (左右に)曲がる
☑ TV 名 テレビ (television)

U

☑ umbrella 名 かさ
☑ under 前 ～の下に
☑ understand 動 理解する
☑ uniform 名 制服
☑ United States 名 (the をつけて) アメリカ合衆国 (the U.S.)
☑ university 名 大学
☑ until 前 接 ～まで(ずっと)
☑ up 副 上に
☑ us 代 私たちを[に]
☑ use 動 使う
☑ useful 形 役に立つ
☑ usually 副 ふつうは

V

☑ vacation 名 休暇
☑ vegetable 名 野菜
☑ vending machine 名 自動販売機
☑ very 副 とても
☑ very much とても
☑ video 名 ビデオ，(video gameで)テレビゲーム
☑ view 名 眺め，物の見方
☑ village 名 村
☑ violin 名 バイオリン
☑ visit 動 訪問する 名 訪問
☑ voice 名 声
☑ volleyball 名 バレーボール
☑ volunteer 名 ボランティア
☑ volunteer activities ボランティア活動

W

- wait 動 待つ
- walk 動 歩く
- wall 名 壁
- want 動 ほしい
  - want to ～ ～したい
- war 名 戦争
- wash 動 洗う
- waste 動 むだに使う 名 むだ
- watch 動 (動きのあるものを)じっと見る 名 腕時計
- water 名 水
- way 名 道，方法
- we 代 私たちは
- wear 動 身につけている
- weather 名 天気
- web 名 (the Web で)ウェブ(インターネットの情報網)
- website 名 ウェブサイト
- weekend 名 週末
- welcome 間 ようこそ 形 歓迎される
- well 副 じょうずに 形 元気で
- west 名 西
- what 代 形 何(の)
- wheelchair 名 車いす
- when 副 いつ 接 ～するとき
- where 副 どこに
- which 代 形 どちら(の)，どの
- while 接 ～する間に
- who 代 だれ
- whose 代 だれの(もの)
- why 副 なぜ
- wife 名 妻
- will 助 ～だろう(未来を表す)
- win 動 勝つ
- wind 名 風
- window 名 窓
- with 前 ～といっしょに
- without 前 ～なしに
- woman 名 女の人
- wonderful 形 すばらしい
- wood 名 木材
- word 名 単語，言葉
- work 動 働く 名 仕事
- world 名 世界
- worry 動 心配する
- would 助 willの過去形
  - would like ～ ～がほしい
  - would like to ～ ～したい
- write 動 書く
- writer 名 作家

Y

- yen 名 円(お金の単位)
- yes 副 はい
- yesterday 副 名 昨日(は)
- yet 副 (否定文で)まだ，(疑問文で)もう
- you 代 あなたは，あなたを[に]，あなたたちは，あなたたちを[に]
- your 代 あなたの，あなたたちの
- yours 代 あなたのもの，あなたたちのもの
- yourself 代 あなた自身
- yourselves 代 あなたたち自身

読者アンケートのお願い

本書に関するアンケートにご協力ください。
右のコードか URL からアクセスし,
以下のアンケート番号を入力してご回答ください。
ご協力いただいた方の中から抽選で
「図書カードネットギフト」を贈呈いたします。

Webページ https://ieben.gakken.jp/qr/derunavi/

アンケート番号 305601

中学3年分の一問一答が無料で解けるアプリ

以下のURLまたは二次元コードからアクセスしてください。
https://gakken-ep.jp/extra/smartphone-mondaishu/
※サービスは予告なく終了する場合があります。

高校入試 出るナビ　英語　改訂版

本文デザイン　シン デザイン
編集協力　上保匡代, 小縣宏行, 甲野藤文宏, 小森里美,
佐藤美穂, 三代和彦, 村西厚子, 森田桂子, 渡邉聖子
英文校閲　Edwin L. Carty, Joseph Tabolt
本文イラスト　たむらかずみ
DTP　株式会社 明昌堂　データ管理コード:24-2031-1034(2021)

この本は下記のように環境に配慮して製作しました。
・製版フィルムを使用しないCTP方式で印刷しました。
・環境に配慮して作られた紙を使用しています。

※赤フィルターの材質は「PET」です。